KB092103

1619년 심하 전쟁과 포로수용소 일기

책중일록

이민환

李民寏[1573(선조 6)~1649(인조 27)]. 본관은 영천永川, 자는 이장而壯, 호는 자암紫巖, 시호는 충간忠簡이다. 경상도 의성에서 태어났다.

1600년(선조 33) 별시문과에 급제하였다. 그 뒤 검열·정언·병조좌랑을 거쳐, 1603년 암행어사로 평안도에 가서 수령의 비행과 민정을 살폈으며, 1608년 영천군수로 나갔다. 1618년(광해군 10) 명나라에서 군원을 요청하자, 원수 강홍립姜弘立의 막하로 출전하여 부차富車싸움에서 패하여 청군의 포로가 되었다.

17개월 동안 청나라의 항복 권유를 물리치고, 1620년에 석방되어 의주에 이르렀을 때 사원을 가진 박엽朴燁의 무고를 받아 4년간 평안도에서 은거 생활을 했다. 1623년 인조반정으로 서울에 올라와 이괄李适의 난과 정묘호란 때 임금을 호종하였으며 1636년(인조 14) 병자호란이 일어나자 스승인 장현광張顯光의 종사관이 되어 참전했다. 그 후 동래부사·판결사判決事·호조참의를 거쳐 형조참판이 되었가 1645년에 경주부윤으로 나갔다. 이조판서가 추증되었다. 문집으로《자암문집紫巖文集》이 있다.

책중일록
1619년 심하 전쟁과 포로수용소 일기

초판 1쇄 발행 2014년 9월 10일 ＼**초판 2쇄 발행** 2018년 4월 10일
지은이 이민환 ＼**옮긴이** 중세사료강독회 ＼**펴낸이** 이영선 ＼**편집 이사** 강영선 김선정
주간 김문정 ＼**편집장** 임경훈 ＼**편집** 김종훈 이현정 ＼**디자인** 김회량 정경아
독자본부 김일신 김진규 김연수 박정래 손미경 김동욱

펴낸곳 서해문집 ＼**출판등록** 1989년 3월 16일(제406-2005-000047호)
주소 경기도 파주시 광인사길 217(파주출판도시) ＼**전화** (031)955-7470 ＼**팩스** (031)955-7469
홈페이지 www.booksea.co.kr ＼**이메일** shmj21@hanmail.net

ISBN 978-89-7483-683-2 03910
값 11,900원

이 도서의 국립중앙도서관 출판시도서목록(CIP)은 e-CIP 홈페이지(http://www.nl.go.kr/ecip)에서 이용하실 수 있습니다.(CIP제어번호: CIP2014024914)

1619년 심하 전쟁과 포로수용소 일기

책중일록

이민환 지음 · 중세사료강독회 옮김

서해문집

여진족이 세운 청나라(초기에는 후금이라 칭함)는 우리 민족과 악연이 많았다. 조선 중기였던 1627년과 1636년에는 우리나라를 침입하여 정묘호란과 병자호란을 일으켰다. 이 두 전쟁에도 조선 왕조는 명맥을 유지했으나, 많은 사람이 죽고 포로로 잡혀갔다. 우리 민족이 입은 참화는 이루 다 말할 수 없었다. 그래서 조선 후기의 지식인들은 청나라를 철천지원수처럼 증오했다.

그러나 두 나라 사이에 전쟁을 먼저 일으킨 것은 조선이었다. 1619년(광해군 11) 2월에 조선은 명나라와 연합하여 후금의 수도 허투알라를 공격했던 것이다. 그해 3월 4일 심하深河의 부차富車 들판에서 진격하던 조선군은 후금 기병의 습격을 받고 무참히 패배했다. 전군 1만 3000명 중에서 7000여 명이 죽고 4000여 명이 항복하여 포로가 되었다. 소수의 패잔병들만 도망쳐 살았을 뿐이다. 포로가 된 조선군 장수와 군졸 들은 후금의 수도 허투알라로 잡혀갔다. 장수들은 목책을 둘러친 수용소에 감금되었고, 군졸들은 민가에 노비로 분양되었다. 그들은 조선이 후금과 강화해 어서 빨리 풀려나 고향으로 돌아가기만을 기다렸지만, 고국은 그들을 저버렸다.

심하 전투의 패배는 우리 해외 파병 역사에서 유례없는 대참변이었다. 1619년의 사르후(薩爾滸) 전투와 심하 전투의 실상이나 조선군의 항복에 대해서는 논란이 많지만, 아직도 정확한 사실에 근거한 공정한 평가는 이루어지지 않고 있다. 패전의 주된 요인은 전체 병력을 네 갈래로 분산하여 공격을 시작한 명나라 지휘관들의 전략 실패였던 것으로 알려지고 있다. 또한 명과 조선 연합군의 빈약한 무기와 군량 고갈 그리고 허허벌판에서 후금의 기병과 맞붙었던 작전도 결정적 패인이었다. 후금에 대한 조선의 선제공격은 뒷날 두 차례 호란의 구실이 되기도 했다. 우리 역사에서 외면하고 버려둘 문제가 아니다.

이 비극적인 출병의 자초지종을 충실히 기록한 종군 자료들이 남아 있다. 당시 도원수의 종사관으로 따라갔던 이민환李民寏의 〈책중일록柵中日錄〉과 〈건주문견록建州聞見錄〉이 그것이다. 이 두 자료는 당시의 전투 상황과 조선군 포로들의 수용소 생활, 조선과 후금의 강화 협상 등을 잘 보여 준다. 또한 만주 지역의 역사, 지리, 정치, 사회, 군사 등의 실상도 두루 기록되어 있다. 이는 청나라 초기의 사회 모습과 국제 관계 연구에 매우 긴요한 자료가 된다.

국사편찬위원회 직원들의 연구 모임인 '중세사료강독회'는 일찍부터 이들 자료의 중요성을 인식하고 몇 년에 걸쳐 원전 강독을 해왔다. 그 결과가 바로 이 책으로 나온 것이다. 본서는 우리의 한문 고전 번역서지만, 자세한 해설과 주석을 붙여 전문 연구자에게는 자료로 제공하고, 일반인도 교양 도서로 읽을 수 있도록 쉽게 풀이하여 서술했다. 그동안 이 작업에 참여했거나 여러모로 도움을 주신 국사편찬위원회 동료들에게 감사를 드린다.

2014년 8월

역자들을 대신하여 이영춘 씀

1. 이 책은 1619년 3월 후금과의 심하 전투에 출전했던 종사관 이민환이 출병과 전투 그리고 포로
수용소 생활을 기록한 일기 〈책중일록〉과 관련 자료들을 국문으로 번역하고, 알기 쉽게 해설과
각주를 붙인 것이다.

2. 번역의 대본은 이민환의 문집인 《자암집紫巖集》 제5권에 수록된 〈책중일록〉과 제6권에 수록된
〈건주문견록〉〈월강후추록越江後追錄〉이다.

3. 이민환이 출병하기 25년 전에 건주 지역을 여행한 신충일申忠一의 〈건주기정도기建州起程圖記〉와
이민환이 돌아온 그다음 해에 파견된 정충신鄭忠信의 〈건주문견록〉을 부록으로 붙였다. 이 자료
는 모두 한국고전번역원에서 간행한 《국역 선조실록》과 《국역 광해군일기》에서 뽑은 것이다.

4. 책의 앞부분에 1619년의 심하 출병에 대한 시대적 배경과 그 경과와 의미를 정리하고 자료에 대
해 간략히 설명한 '해제'를 붙였다.

5. 독자의 이해를 돕기 위하여 번역은 가능한 한 평이하게 했고, 필요한 곳에는 각주를 붙여 보충
설명했다. 이민환과 정충신의 〈건주문견록〉과 신충일의 〈건주기정도기〉는 국왕에게 올렸거나
올리기 위하여 작성된 보고 형식의 글로서, 문장에 존대법을 사용해 번역해야 하지만, 한문에는
원래 존대법이 없다는 점과 독자의 이해 편의를 위해 일부를 제외하고는 예사말로 번역했다.

6. 〈책중일록〉은 전체가 하나의 일기여서 단락이 나뉘어 있지 않지만, 독서의 편의를 위해 여덟 장
으로 나누었고, 〈건주문견록〉과 〈월강후추록〉을 각기 한 장으로 만들어 붙였다.

7. 중국인의 인명은 한자음대로 표기했고, 만주인의 인명과 지명은 '누르하치'나 '허투알라'처럼 잘
알려진 것은 만주어 발음으로 표기했지만, 그 외의 인명과 지명은 모두 원문의 한자음대로 표기
했다.

8. 각 장의 첫머리에는 그 장의 내용을 요약하고 배경 설명을 곁들인 '내용 해설'을 붙였다.

9. 원본의 한문 원문은 생략했으나, 관심 있는 분들은 한국고전번역원(www.itkc.or.kr)의 '한국고전
종합DB' 내의 '한국문집총간'에 탑재된 이민환의 《자암집》 원문을 참조하기 바란다.

1619년의 심하 출병과 그 기록

심하深河[1] 출병의 역사적 배경

1619년(광해군 11) 2월 조선의 도원수 강홍립姜弘立,[2] 부원수 김경서金景瑞[3] 등은 1만 3000명의 병력을 이끌고 평안도 창성에서 압록강을 건너 여진족이 세운 후금後金을 치기 위해 진군했다. 이 군사 작전은 명나라의 지원 요청으로 이루어진 것이다. 외국의 요청에 의한 대규모 출병은 우리 역사에서 매우 이례적인 것이었지만, 임진왜란 때 명나라의 도움을 받은 조선으로서는 그 요청을 거부할 수 없었다.

건주建州 소자하蘇子河 상류의 작은 여진족 부족장이었던 누르하치(努爾哈赤)는 1583년 처음 군사를 일으켜 1613년까지는 건주·해서海西·야인野人 여진을 모두 병합하여 여진족의 내부 통일을 완수하고, 1616년 칸(汗)에 올라 칭제稱帝(列國沽恩英明皇帝) 건원建元(天命)함으로써 후금을 건립했다. 그는 처음에는 명나라에 매우 공손한 태도를 취하여 명으로부터 건주위 도독첨사都督僉事, 용호장군龍虎將軍 등의 직함을 받기도 했으나, 국력이 강성해지자 반기를 들게 되었다.

---

1 삼하三河라고도 함. 중국 요령성 환인현桓仁縣 화첨자樺尖子에서 이호래진二戶來鎭과 삼도하자三道河子를 지나 혼강渾江으로 들어가는 하천. 지금은 육도하六度河로 부른다. 육도하 강가의 삼도하자 마을을 가리키기도 한다.

2 1560~1627. 조선 중기의 문관으로 1597년 알성문과에 급제, 1609년 한성부우윤漢城府右尹을 거쳐 1614년 순검사巡檢使를 역임하고, 1618년 7월 오도원수五道元帥가 되었다. 부원수 김경서와 함께 다음 해 2월 1만 3000여 명의 군사를 이끌고 심하로 출병했다. 명나라 제독提督 유정劉綎의 군대와 관전寬甸 방면에서 합류해 후금의 수도로 진격했으나, 3월 4일 부차富車에서 대패하고 후금군에 투항했다. 1627년(인조 5) 정묘호란 때

⊙ 누르하치

누르하치(努爾哈赤, Nurhaci/Nurhachi, 1559~1626)의 초상. 후금을 건국한 청 태조로, 조선에서는
'노가치(老加赤)·노을가치(老乙可赤)·노아합치(奴兒哈赤)·노이합제(駑爾哈齊)·노호老胡' 등으로 칭했다가,
명나라를 따라 '노호奴酋'로 개칭했다. '노추老酋/奴酋'라고도 한다. 1580년대에 분열되어 있던 건주여진을
통일했고, 1616년(광해군 8) 해서여진까지 병합하고 후금을 건국했다. 1618년 4월 무순을 침공하여
1619년 3월 명나라 대군의 침입을 받았으나, 사르후에서 격파했고, 1621~1622년에 요동 전 지역을 함락했다.
1625년 영원성寧遠城에서 원숭환袁崇煥에게 패한 후유증으로 그다음 해에 죽었다.

후금군의 선도로서 입국하여 국내에 머물렀으나, 역신으로 몰려 관직을 삭탈당했다가 사후에 복관되었다.

3 1564~1624. 조선 중기의 무관으로 임진왜란 중인 1595년 경상우병사, 1603년 충청병사, 1604년 포도대장,
1609년 정주목사, 1614년에 북로北路방어사 등을 역임했다. 1619년 평안병사 겸 부원수로서 원수 강홍립과
함께 심하로 출병했으나 부차에서 패했다. 강홍립과 함께 후금에 포로로 잡혀갔다가 비밀리에 적정을 고국
에 보내려 하다가 발각되어 처형되었다. 충신의 정문이 내려지고 우의정에 추증되었다.

1618년 4월 누르하치는 무순撫順과 청하淸河를 기습하여 점령했다. 이에 명나라는 대규모의 토벌군을 동원하면서 조선과 몽골에도 원병을 요청했다. 당시 광해군은 이 요청을 모면하려고 했지만, 명나라의 강요를 끝까지 거부할 수는 없었다. 조선은 그해 7월 강홍립과 김경서를 도원수와 부원수로 임명하고 이민환李民寏 등을 종사관으로 차출하여 원정을 준비했다. 조선은 전국 8도에서 군사를 징발했는데, 경상도·강원도·함경도 지역 병력은 두만강 일대를 방어하기 위해 대기시키고, 경기도·전라도·충청도·황해도·평안도 병력 중에서 1만 3000명을 뽑아 원정군으로 편성했다. 그들은 1618년 10월 집결지인 창성에 도착하여 부대 편성과 군수품 등을 준비하기 시작했다.

당시 조선군은 독자적으로 출병한 것이 아니고, 명나라에 의해 징집되어 제독 유정劉綎[4]이 지휘하는 동로군東路軍에 배속되었다. 후금 원정군을 총지휘했던 요동경략遼東經略 양호楊鎬[5]는 원정군을 네 개의 군단으로 나누어 분산 배치했다. 그것은 산해관총병 두송杜松[6]이 지휘하는 주력 서로군西路軍, 요동총병 이여백李如柏[7]이 지휘하는 남로군南路軍, 개철총병開鐵摠兵 마림馬林[8]이 지휘하는 북로군 그리고 요양총병 유정이 지휘하는 동로군이었다. 이들 군단은 각기 2만에서 3만 명의 군사로 편성되었는데, 동로군은 명군 1만여 명과 조선군 1만 3000명으로 구성되었다. 그러나 부대를 편성하는 도중에 경략 양호의 요청으로 강홍립은 평양 출신 포수 400명을 두송이 지휘하는 서로군에 보내기도 했다.

그해 2월 양호는 이상과 같이 공격군을 편성하고 네 길로 나누어 후금

---

4 1560~1619. 중국 강서성江西省 남창南昌 사람으로, 대장군 도독都督 유현劉縣의 아들이다. 무과에 장원급제해 여러 번 전공을 세웠고, 1592년과 1597년에 명나라 원군의 총병관摠兵官으로 조선에 파견되었다. 1619년 2월 후금을 치기 위한 명나라 동로군東路軍의 제독으로 조선군 1만 3000명과 함께 심하 방면으로 진격했으나, 후금의 도성에서 50리 떨어진 와르카시에서 누르하치 군에 패전하여 전사했다. 후에 소보少保에 추증되고, 표충사表忠祠가 건립되었다.

5 ?~1629. 명나라 말기 요동 지역 총사령관. 임진왜란 때인 1596년과 1597년 두 차례에 걸쳐 명나라 원군의 경략으로 조선에 왔다가, 울산성 전투에서 왜군에 대패했다. 1618년 4월 무순관이 누르하치에게 함락되자 요

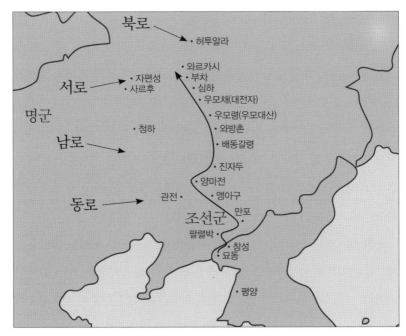

⊙ 1619년 3월 심하 전투 당시 명군과 조선군 행군 경로

의 수도 허투알라(赫圖阿拉, Hetu'ala)[9]로 진격시켰다. 이들은 3월 1일에 모두 허투알라에 집결하기로 약속했다. 이에 대해 누르하치는 전 병력 6만 명을 분산하지 않고 명군의 주력인 서로군 타파에 집중했다. 다른 세 곳에는 500명 정도의 소수 병력만 보내어 감시와 지연 작전을 펴도록 했다. 이러한 누르하치의 '선택과 집중' 전략은 사르후(薩爾滸, Sarhu) 전투에서 대승을 거두는 것으로 나타난다.

동경략에 임명되었다. 1619년 2월 12만 명의 후금 정벌군을 일으켜 동서남북 4로로 진격했으나, 사르후 등지에서 대패하고 하옥되었다가 1629년에 처형되었다.

6 명나라 말기의 문관, 군사령관. 섬서성 유림榆林 출신으로 진사進士에 급제한 문관이었으나, 무예와 전략에 뛰어나 1608년 총병에 발탁되었다. 얼굴이 칠흑같이 검어 '두흑자杜黑子'로 불렸고, 용감했으나 무모했다. 산해관총병으로 있을 때인 1619년 2월 후금 정벌에 참여하여 중로군中路軍 제독이 되었으나, 성급하게 진군하였다가 사르후 전투에서 패전해 전사했다.

7 1553~1620. 명나라 말기의 무관으로, 요동총병 이성량李成樑의 아들이며 제독 이여송李如松의 아우다. 부형

조선군의 진군과 패전

1619년(광해군 11) 2월 도원수 강홍립은 평안도 창성에서 부대 편성을 마쳤다. 전군 1만 3000명을 중영·좌영·우영의 세 전투부대와 도원수·부원수 직할부대 그리고 후방 병참부대로 편성한 것이다. 이민환은 문관 종사관으로 도원수의 참모가 되었다. 원정군의 보급 지원은 평안도관찰사 박엽朴燁[10]과 분호조참판 윤수겸尹守謙[11]이 담당하기로 했으나, 박엽은 끝내 현장에 오지 않아 이후 병참 지원에 큰 곤란을 겪게 되었다.

조선군은 명나라 감독관들의 독촉 때문에 군량 보급을 제대로 받지 못한 채 2월 19일부터 압록강을 건넜다. 강을 건넌 3영의 군사들은 1만 100여 명이었고, 도원수·부원수 직할부대 병력은 2900여 명으로 모두 1만 3000여 명이었다. 일행은 2월 23일까지 강 건너 팔렬박剗咧泊[12]에 집결했다가 24일부터 행군을 시작하여 앵아구鶯兒溝, 엄수령渰水嶺, 양마전亮馬佃을 지나 2월 26일 진자두榛子頭에서 명나라 군대와 합류했다. 27일 배동갈령拜東葛嶺을 넘고, 28일 명군의 뒤를 따라 험준한 우모령牛毛嶺을 넘어 우모채牛毛寨에 도착했다. 이날 처음으로 소수의 적군과 조우했으나, 본격적인 전투는 벌어지지 않았다. 29일은 군량이 고갈되어 우모채에서 하루를 머물렀다. 이날 강홍립은 제독 유정과 협의하여 통사 하서국河瑞國[13]과 김언춘金彦春을 적진 후방에 밀정으로 보냈다. 3월 1일 아침에 비로소 군량 수십 석이 도착했으나 1만 3000명에게 보급하기에는 터무니없이 부족했다.

명군과 조선군은 1619년 3월 2일 우모채에서 행군을 시작하여 한낮에

14

의 후광을 입어 일찍 장군이 되었고, 임진왜란 때 개성을 탈환했다. 1618년 요동총병관이 되었다가 1619년 2월 후금 정벌 때 남로군 제독으로서 청하 방면으로 진공했으나, 서로군과 북로군이 패전하자 경략 양호의 회군을 명하여 퇴각했다. 이 때문에 조정의 탄핵을 받게 되자 1620년 자결했다.

8 명나라 말기의 무장. 하북성 울주蔚州 출신으로, 개철총병(개원·철령 총병)으로서 1619년 사르후 전투 때 명의 북로군을 지휘하여 후금의 수도로 진공했으나, 상간애尙間崖에서 누르하치 군에 패전하여 전사했다.

9 후금의 초기 수도. 중국 요령성 신빈현新賓縣 영릉진永陵鎭의 소자하 강가에 있었다. 흥경興京이라고도 하고, 흥경노성興京老城 혹은 노성老城이라고도 했는데, 명나라와 조선에서는 노성奴城이라고 불렸다. 1603년에

심하에 도착했다. 적병 500~600기가 진을 치고 저지했으나, 명군과 조선 군은 손쉽게 적을 제압하고 적장 두 명을 참살했다. 조선군은 여진족 부락을 약탈하여 숨겨둔 곡식과 가축을 찾아내 요기를 할 수 있었다.

3월 4일 날이 밝자 명나라 군대가 먼저 진군하고 조선군은 좌영, 중영, 우영 순으로 그 뒤를 따랐다. 몇십 리를 가서 부차富車[14] 지역 들판에 도착했는데, 후금의 수도 노성奴城(허투알라)에서부터 60여 리 떨어진 곳이었다. 갑자기 돌풍이 일어나고 연기와 먼지가 하늘을 가렸다. 전운을 감지한 강홍립은 전군에 명해 길 왼쪽의 높은 언덕으로 올라가 진을 치도록 했다. 잠시 후 앞서 나갔던 명나라 장수들이 달려와 패전 소식을 알렸다. 제독 유정이 전사하고 1만여 명의 병사들이 전멸했다는 소식이었다.

그사이 중영과 우영은 즉시 언덕에 진을 설치했지만 앞서 나가던 좌영은 언덕을 오르기도 전에 적의 기병과 맞닥뜨렸다. 좌영은 들판에서 전열을 갖추어 조총을 한 차례 발사했으나, 다시 장전하기도 전에 밀어닥친 적의 기병에게 그대로 유린당했다. 이에 강홍립은 우영을 투입해 원조하게 했으나, 역시 순식간에 무너지고 말았다. 좌영과 우영은 그대로 궤멸하고 김응하金應河[15] 등 7000여 명의 장졸들은 도륙되다시피 했다.

중영은 높은 언덕에 있었으므로 적병이 바로 공격하지 못하고 포위에 들어갔다. 며칠이나 굶은 조선 군졸들은 초조함이 극에 달했다. 그들은 도망할 수도 없었고 싸우려고 해도 혼비백산하여 명령이 통하지 않았다. 이 때부터 강화 교섭이 시작되었다. 그날 부원수 김경서가 적진에 들어갔고, 다음 날엔 도원수 강홍립이 무장을 풀고 적진에 나아가 항복했다.

15

누르하치가 처음으로 이곳에 도성을 세웠다. 허투알라는 '옆으로 펼쳐진 언덕(橫岡)'이라는 뜻이다.

10 1570~1623. 조선 중기의 문신으로 1597년(선조 30) 문과에 급제하고, 병조정랑, 의주부윤, 함경도병마절도사, 평안도관찰사를 지냈다. 1623년 인조반정 뒤 평양 임지에서 처형되었다.

11 1573~1624. 조선 중기의 문관으로 1601년 식년문과에 급제하고, 승정원주서, 사은사謝恩使 서장관書狀官, 예조좌랑, 사간원정언, 전라도도사 등을 지냈고, 조선군이 심하로 출병할 때 분조조참관으로서 군량 운반 일을 맡았으나, 임무를 소홀히 했다. 1624년 이괄의 난을 알면서도 알리지 않아 처형되었다.

12 중국 창성군 묘동진에서 압록강 맞은편에 있던 지역. 1619년 2월 조선군이 압록강을 건너 첫 번째로 숙영한

조선군 포로의 압송과 학살 그리고 수용소 생활

1619년 3월 5일 두 원수와 이민환 등을 비롯한 4000여 명의 조선인 패잔병은 포로로 잡혀 노성으로 압송되었다. 그들은 3월 6일 노성 밖 10리쯤 떨어진 곳에 도착했다. 누르하치는 즉시 도원수 강홍립과 부원수 김경서를 불러 일종의 항복을 받았는데, 두 원수는 절을 하지 않고 읍揖만을 했다가 누르하치의 분노를 샀다. 누르하치는 조선군 장수와 군졸을 모두 죽이라고 했으나, 그 아들 귀영가貴盈哥가 말려 겨우 중지되었다.

이후 두 원수와 이민환 등 장수 여덟 명과 그들의 하인은 도성 안에 마련된 수용소에서 거처하게 되었고, 나머지 병졸은 성 밖 민가에 분산 수용되었다. 3월 23일 누르하치는 조선인 병졸 중에서 양반 출신만 추려내어 400~500명을 모두 죽였다. 당초에는 누르하치가 포로 전부를 죽이라고 했으나, 귀영가 등이 말려 양반만 죽인 것이다. 후에 조선군 장수들의 군관과 노비 50여 명을 더 끌어내 죽였다.

1619년 3월부터 시작된 이민환 등의 수용소 생활은 다음 해 7월 송환될 때까지 1년 반 동안이나 계속되었다. 강홍립 등의 장수들은 엄중한 감시 속에 노성 안의 임시 수용소에 있었고, 일반 군졸은 여진족 민가에 노비로 분양되었는데 도망간 사람들이 많았다. 당초에 포로로 잡힌 군졸은 4000여 명이었는데, 두 차례에 걸쳐 500~600명이 살육되었고, 도망가다가 추위와 허기로 죽은 사람이 많아 압록강을 건너 돌아간 사람은 2700여 명이라고 전한다. 1만 3000명이 압록강을 건넜다가 겨우 3000여 명만 돌아오

곳이다.
13 ?~1622. 조선 중기의 여진어 역관譯官으로, 하세국河世國이라고도 했다. 1619년 2월 강홍립이 지휘한 조선군의 심하 출병 때 향도장에 임명되었다. 조선과 후금의 통역과 공문서 전달 임무를 맡아 여러 번 양측을 왕래했으나, 1622년 후금 정부에 의해 피살되었다.
14 중국 자료에는 부찰富察로 표기되어 있으나, 현재의 하천 이름은 부사하富沙河다. 1619년 3월 강홍립의 조선군이 후금군에 패한 곳이다. 현재의 요령성 환인현 이호래진과 홍당석紅塘石 일대의 들판이다.
15 1580~1619. 조선 중기의 무신으로 1604년(선조 37) 무과에 급제하고 선전관, 경원판관, 삼수군수, 북우후北

고 1만여 명이 전사하거나 포로가 되어 불귀의 객이 된 것이다.

그해 6월에 누르하치는 명의 동북 변경 요충지인 개원開原을 공략했고, 7월에는 철령鐵嶺을 함락했다. 누르하치는 7월에 수도를 120리 서쪽에 있는 자편성者片城[16]으로 옮겼고, 조선군 포로도 그곳으로 이송했다. 강홍립과 이민환 등은 자편성의 목책 안에 구금되어 갖은 고초를 겪었다. 이때 기록한 이민환의 일기를 〈책중일록柵中日錄〉이라고 한 것은 이 때문이다.

강홍립과 이민환 등 포로가 된 조선군 장수들이 생명의 위협을 느낀 것은 한두 번이 아니었다. 특히 1619년 9월 후금에 투항한 요동 사람들이 "조선 군사가 요동에 와서 주둔해 있다"라는 말을 퍼뜨리자 후금은 크게 긴장했고, 조선 군사들이 만포와 창성 두 방면으로 침입해 온다는 소문도 무성했다. 이 때문에 후금의 장수들 가운데 조선군 포로를 모두 죽이자는 논의가 있었고, 요동을 치려면 그 배후에 있는 조선을 먼저 공격해야 한다는 주장도 있었다. 12월, 만포에 차사로 갔다가 돌아온 소농이小農耳 등이 조선에서 요동에 지원군을 보냈다거나 조선군이 만포와 창성 방면으로 침입해온다는 소식은 모두 거짓이라고 보고했다. 이후 후금은 크게 안심했고, 조선군 포로들도 살해의 위험에서 벗어났다.

조선-후금의 외교 관계와 포로 송환

1619년 3월 21일 누르하치는 번호藩胡[17]인 소농이를 조선에 차사差使로 보

虞候 등을 역임하고, 1619년 심하 출병 때 좌영장左營將으로 참전했다. 3월 4일 부차 전투에서 용감하게 싸우다 전사했다. 이듬해 명나라에서 그를 요동백伯에 추봉했고, 조선에서는 영의정을 추증했다. 시호는 충무忠武다.

16 후금의 임시 도성.《청태조실록》에는 계범성界凡城, Jiefan)으로 표기되어 있다. 길림애吉林崖라고도 한다. 1619년 4월에 축성하여 6월에 허투알라에서 이곳으로 도읍을 옮겼다가, 다음 해 9월 인근의 살이호성薩爾滸城으로 다시 옮겼다. 1621년 6월에 다시 사르후 성으로 천도했다. 중국 요령성 무순현의 대화방(伏房) 댐 동북변 고려촌高麗村 앞 혼하渾河와 소자하 사이 언덕에 있다.

내 국서를 전했다. 그것은 명나라에 대한 '7대 원한(七宗惱恨)'을 말하고, 조선과 후금이 동맹을 맺어 함께 명나라에 대항한다면 조선군 포로들을 돌려보내겠다는 것이었다. 이에 대해 조선은 오랫동안 사신도 보내지 않고 회신도 하지 않았다.

5월 말에야 조선에서 차관差官이 왔는데, 변변치 않은 평안도관찰사의 군관이었다. 그는 조선 국왕의 국서 대신 평안도관찰사의 서신을 가져왔고, 이렇다 할 예물도 가지고 오지 않았다. 서신의 내용도 후금이 기대한 것과는 거리가 멀었다. 조선과 명나라는 부자 관계와 같아서 관계를 끊을 수 없으니, 후금도 조선과 함께 명나라를 잘 섬겨서 평화를 유지하자는 것이었다. 이에 후금에서는 조선이 화친할 뜻이 없으므로 포로들을 다 죽이자는 주장이 일었으나, 강홍립이 중간에서 임기응변으로 잘 무마하여 위기를 넘겼다. 누르하치는 7월에 조선으로 두 번째 차사를 보냈으나, 조선 정부는 명나라와 후금의 눈치를 보면서 전전긍긍하고 있었다.

9월 15일 만포에 갔던 오랑캐 차사가 돌아와 조선이 우호적 태도를 보이고 있으며, 명나라 사신들이 서울에 머물고 있어 국서를 보내지 못한다는 사정을 전했다. 다음 해(1620) 2월 누르하치는 다시 소농이를 만포로 보냈다. 그러나 조선의 차관이 온다는 기별은 없었다. 4월에 들어서자 후금과 조선의 관계에 조금 물꼬가 트여 만포로부터 좋은 소식이 전해지기 시작했다.

5월 28일에 조선 통사 하서국 등이 만포에서 돌아와 광해군이 누르하치에게 보낸 구두 메시지를 전했다. 그 내용은 대략 "후금의 국서에 회답하

---

17 조선의 6진六鎭 지역에 귀순하여 살던 여진족을 말한다. 이들은 우리말을 잘하여 통역을 하기도 하고 여진족과 조선의 교류에 중심 역할을 하기도 했다.

려 하지만, 명나라 관원들이 압록강을 순시하기 때문에 국서를 보내기가 어렵다. 두 나라는 전부터 원수진 것이 없으니 서로 화친하는 것이 좋겠다. 근래 조선에 투항해온 여진족을 받아들이지 않고 함께 돌려보낸다"라는 것이었다. 이에 누르하치는 대단히 만족하여 포로 송환의 뜻을 표했다. 사실 그 이전에도 후금은 국서를 왕래하면서 조선 장수 몇 사람을 돌려보낸 적이 있기는 했으나, 이때는 10여 명을 한꺼번에 돌려보내게 된 것이다.

1620년 7월 4일 누르하치는 조선에 다시 국서를 보내고, 장수 세 명과 하인 일곱 명을 돌려보내도록 했다. 돌아갈 장수 셋은 제비를 뽑아 선정했는데 이민환, 문희성文希聖, 이일원李一元이 뽑혔다. 그들은 7월 11일 귀환 길에 올라 7월 17일 만포에 도착했다. 이민환 등이 마침내 포로에서 풀려나 조국으로 돌아오게 된 것이다.

조선은 그 후에도 국서를 보내거나 차관의 파견을 차일피일 미루다가, 1621년 3월 후금이 심양과 요양을 함락하고 요동 전체를 장악하게 되자 직접적인 침략 위협을 느끼고 부득이 그해 8월에 만포첨사 정충신鄭忠信을 차관으로 보냈다.

이 책에 수록한 자료들

이 책은 1619년 심하 출병에 참가했던 이민환의 〈책중일록〉〈건주문견록建州聞見錄〉〈월강후추록越江後追錄〉을 번역, 해설한 것이다. 〈책중일록〉은 **19**

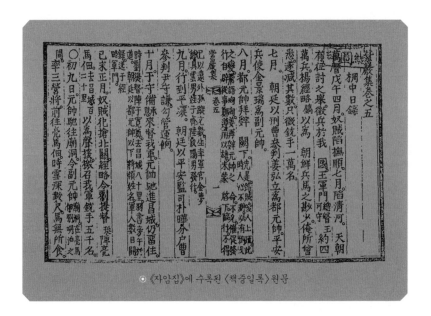

◉《자암집》에 수록된 〈책중일록〉원문

그가 1619년 2월 도원수 강홍립의 종사관으로 종군하면서 겪은 행군 경로, 전투, 포로수용소 생활을 일기체로 기록한 것이다. 직접 보고, 듣고, 체험한 것을 기록한 것이기 때문에 사료적 가치가 크다. 1619년의 심하 전투에 관한 최고의 자료라고 할 수 있다. 원본은 그의 문집인《자암집紫巖集》제5권에 수록되어 있다.

〈책중일록〉은 이민환이 창성에서 출병을 준비하던 1619년 2월 16일부터 만포에 돌아온 1620년 7월 17일까지 쓴 일기다. 일기의 앞머리에는 출병의 배경이 된 후금의 무순 함락, 이에 대한 명나라의 군사 동원과 조선에 대한 징병 요청, 조선 정부의 대응책 등이 기술되어 있다. 초반부의 일

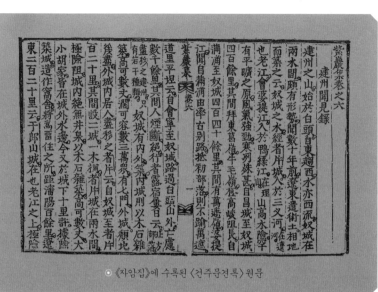

기는 매일 기록했으나, 포로가 된 이후 장기간에 걸친 수용소 생활 중에는 중요한 일이 있을 때만 기록했다.

〈책중일록〉은 일상적인 보통의 일기라기보다, 원래의 초본을 사후에 정리하여 편집한 일종의 역사서라고 할 수 있다. 〈책중일록〉에는 훗날의 사건이 앞 날짜에 기록되어 있거나 여러 가지 참고 자료들이 삽입되어 있기도 하기 때문이다. 이 일록의 저술은 당시의 군사 활동과 자신들의 포로 생활에 대한 정확한 기록을 남기려는 뜻도 있었지만, 조선군 지휘부의 전투 패배와 항복에 대한 책임을 회피하고 변명하기 위한 의도도 없지 않았다. 따라서 이러한 부분은 다른 자료와 비교, 검토해야 할 필요가 있다.

〈건주문견록〉은 이민환이 1620년 7월에 돌아와 조정에 바친 일종의 정보 보고서다. 여기에는 당시 후금 지역에서 저자 자신이 직접 듣고 보고 경험한 지리, 풍속, 정치, 군사 등의 여러 사항을 기록하고, 조정에 후금 방어 대책을 건의한 내용이 담겨 있다. 이 문견록은 《자암집》 제6권에 수록되어 있으며, 〈책중일록〉의 부록이라고도 할 수 있다. 〈책중일록〉이 하나의 편년체 역사라면, 〈건주문견록〉은 일종의 지리지地理誌와 같다.

〈건주문견록〉의 앞부분에는 심하, 노성, 자편성 일대를 중심으로 한 건주 지역의 산과 강, 평야, 기후, 도로, 거리, 도성과 기타 성곽, 군사 시설 등 자연지리 환경과 인문지리 정보가 많이 수록되어 있다. 그리고 이 지역의 가옥 형태와 의복이나 모자 등의 복식, 두발 모양, 장신구 등 여진족의 의식주 생활이 잘 묘사되어 있다. 또한 농업과 목축, 채소와 과일 등의 재배와 길쌈, 야철 등의 수공업에 관한 정보 그리고 여진족의 신앙, 제사, 장례, 혼인 등의 습속도 충실히 담고 있다. 이러한 자연 · 인문 · 지리적 정보는 청나라 초기 건주 지역의 환경을 이해하는 데 귀중한 자료가 된다.

여기에는 또 누르하치와 그의 가족 및 부하들의 용모, 행태, 성격, 습성 등에 대한 관찰도 포함되어 있고, 누르하치의 후계 구도에 대해서도 언급하고 있다. 또한 후금군의 군사 편제와 전술 운용에 관한 내용도 많이 실려 있는데, 팔기八旗와 니루(柳累)의 지휘관, 지휘체계, 무기와 신호, 병참, 전술의 기본 원리와 전투 기술, 군사들의 기질, 논공행상, 엄격한 처벌 제도 등이 수록되어 있다.

후금의 침략에 대비해 이민환이 조정에 건의한 내용은 산성을 수축하는 일, 군마를 사육하고 강화하는 일, 정예 군사를 양성하는 일, 평안도와 함경도의 토병을 육성하는 일, 우수한 무기를 제조하는 일, 군인들의 무예 훈련 등이었다. 이는 이민환 자신이 전장에서 직접 경험한 조선군의 약점과 적군의 강점을 비교, 관찰한 데서 얻어진 것이었다.

〈월강후추록〉은 이민환이 포로 생활에서 풀려나 귀국한 이후 자신의 처지를 변호하기 위해 지은 것으로, 《자암집》 제6권에 수록되어 있다. 당시 그는 패전과 항복에 대한 책임 때문에 탄핵을 받는 중이어서 서울로 가지 못하고 의주에서 처분을 기다리고 있었다.

강홍립과 이민환 등이 탄핵받은 주요 죄목은 '진중陣中에서 강화를 모색할 때 통역관을 보내 항복을 구걸했다는 것', '제독 유정과 도원수 강홍립이 적 후방에 정탐할 사람을 보낸 것은 항복하기 위한 계책이라는 것', '좌영과 우영이 전투 중일 때 중영에서 구원해주지 않았다는 것', '좌영장이 이민환에게 최후의 결전을 하자고 제의했을 때 따르지 않았다는 것' 등이었다. 또한 패전 후 '조선 진영으로 피신한 명나라 장병들을 묶어 적군에게 넘겼다'는 말도 있었고, 전쟁 후에는 '이민환이 적의 국서를 가지고 왔다'

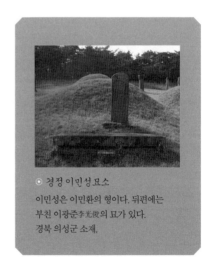

⊙ 경정 이민성묘소
이민성은 이민환의 형이다. 뒤편에는 부친 이광준李光俊의 묘가 있다. 경북 의성군 소재.

◉ 학록정사
이민환의 부친 이광준이 지은 정사精舍.
경북 의성군 소재.

◉ 광덕사
이광준, 이민성, 이민환 삼부자를 제사하는
사당으로 학록정사 내에 있다.

는 허위 보고도 있었으며, 그가 '머리를 깎고 오랑캐 옷을 입고 왔다'거나 '평양에서 기생들과 술판을 벌였다'는 유언비어도 있었다.

　이민환은 이 글에서 이러한 내용에 대해 하나하나 변명했다. 이것은 사실 그의 생사가 걸린 일이었다. 그는 이 모든 죄목이나 유언비어가 자신과 불화를 빚었던 평안감사 박엽과 군량 책임자 윤수겸 일파의 모략 때문이라고 생각했다. 그는 패전의 근본적 책임을 군량 조달의 실패 때문으로 보았는데, 두 사람이 자신들의 과오를 은폐하기 위해 죄를 전가했다고 믿었다. 이러한 이민환의 주장이나 변명은 대부분 사실이었고, 근거 없는 유언비어가 많기도 했다. 그러나 이 자료는 그가 자신의 처지를 변호하기 위해 작성한 것이라는 점을 염두에 둘 필요가 있다.

◉ 자암종택
이민환 후손들의 종가.
경북 의성군 소재.

◉ 자암종택 가묘
자암종택의 사당.

이 책의 말미에는 그의 형인 경정敬亭 이민성李民成[18]이 아우의 처지를
한탄하며 변호한 시 두 편을 부록으로 붙였다. 하나는 '근심과 울분으로
지은 시'라는 뜻의 〈우분시憂憤詩〉이고, 다른 하나는 '최척전 뒤에 씀'이라
는 뜻의 〈제최척전후題崔陟傳後〉다. 전자는《경정집敬亭集》제11권에 수록
되어 있고, 후자는《경정집》제4권에 수록되어 있다. 이 시들에는 후금의
포로수용소에 갇혀 있던 아우에 대한 연민과 그리움, 각종 모함에 대한 울
분이 잘 담겨 있다.

---

18 1570~1629. 조선 중기의 문신. 1597년(선조 30) 문과에 급제하고, 승정원주서, 예조좌랑, 병조정랑 등을 역
임했으나, 광해군조 초에 대북大北이 전횡을 일삼자 벼슬을 버리고 향리로 돌아갔다. 1623년 인조반정 후
책봉주청사册封奏請使의 서장관이 되어 명나라에 다녀온 공로로 당상관에 승진하여 승지, 형조참의 등을
지냈다.《경정집》《조천록朝天錄》등을 남겼다.

저자 이민환

이민환(1573~1649)은 강원도관찰사 이광준李光俊의 아들로, 자는 이장而壯, 호는 자암紫巖, 본관은 영천永川이다. 경상북도 의성義城에서 태어나, 1600년(선조 33) 별시 문과에 급제하여 예문관 검열, 대교, 봉교를 거쳐 사간원정언, 병조좌랑 등의 청요직을 역임하면서 엘리트 관료의 길을 걸었다. 그러나 광해군 때 영천군수, 충원현감 등을 지내면서 당시의 북인北人과 알력을 빚다가 파직되었다.

1618년 명나라가 후금을 치기 위하여 조선에 원병을 요청하자, 도원수 강홍립의 종사관에 임명되어 심하로 출병하게 되었다. 1619년 3월 4일 부차에서 조선군이 패하고 강화가 성립되자 강홍립 등과 함께 후금의 수도 노성에 포로로 잡혀갔다가 1620년 7월에 풀려나 만포로 돌아왔다.

1623년 인조반정 후에 그는 서울로 돌아왔으나 등용되지 못했다. 1624년 이괄의 난 때는 공주까지 국왕을 호종했고, 1627년 정묘호란 때는 영남호소사嶺南號召使 장현광張顯光의 종사관으로 발탁되었다. 이러한 노력으로 1633년(인조 11)에 등용되어 대동찰방大同察訪, 홍원현감洪原縣監에 임명되었고, 1636년 병자호란이 일어나자 경상도에서 의병을 모집했다. 1638년 군자감정軍資監正을 지내고 당상관에 승진하여 동래부사, 장예원판결사 등을 지냈다. 1643년(인조 21) 호조참의, 다음 해에 형조참판을 역임하고, 1645년 경주부윤慶州府尹이 되었다. 재직 중 교육에 힘쓰고 사노비의 폐단을 시정했으며, 흉년에 기민을 잘 구제하여 칭송을 받았다. 1649년(인조 27)

2월에 병으로 졸서했다. 문집으로 《자암집》이 있고, 고종 때 '충간忠簡'이라는 시호를 받았다.

신충일의 〈건주기정도기〉와 정충신의 〈건주문견록〉

이 책에는 〈책중일기〉가 쓰인 전후 시기에 저술된 신충일申忠一(1554~1622)의 〈건주기정도기建州起程圖記〉와 정충신鄭忠信(1576~1636)의 〈건주문견록建州聞見錄〉을 참고 자료로 붙였다. 〈건주기정도기〉는 조선 중기의 무신 신충일이 1596년(선조 29)에 누르하치가 세운 첫 도성인 건주의 퍼알라(費阿拉) 성을 다녀와서 쓴 여행기 겸 보고서다. 이 보고서는 이민환의 〈책중일록〉보다 25년 앞선 것으로, 후금이 건국하기 전 건주 지역의 실정을 알려주는 중요한 자료다.

신충일은 이 보고서의 서두에 여행의 배경과 일정을 간략히 기술했다. 그는 1595년 12월 22일 만포진滿浦鎭에서 출발하여 28일 건주의 퍼알라 성에 도착했다. 그는 누르하치의 환대를 받으며 우호 관계를 다지는 한편, 건주 지역의 실정과 군사 정보를 탐문했다. 그는 다음 해 1월 5일 귀국길에 올라 10일경 만포에 도착한 것으로 생각된다. 그는 여행 중에 경유한 산천과 지명, 여러 지역의 거리, 촌락의 다소, 군비의 유무 등을 자세히 기록한 그림 지도와 퍼알라 성의 약도 그리고 자신이 견문한 사항들을 94개조로 기록하여 조정에 보고했다.

이 94개조의 견문 사항에는 당시 누르하치의 근거지인 퍼알라 성 일대

건주 지역의 지리, 취락, 풍습, 군사 정보 등이 서술되어 있다. 특히 흥미로운 것은 도성의 지형과 성곽 구조, 방어 시설, 수비 형태, 도성 내외의 취락, 누르하치의 용모, 두발 형태, 의복·모자·신발 따위의 복식과 호위 체제에 관한 것이다. 또한 누르하치와 그의 동생 수르하치(小酋) 일족과 부하 장수들에 대한 정보, 병력과 지방 성채, 봉수 체계, 형벌 제도 등의 군사 정보도 많이 수록되어 있다. 신충일은 누르하치의 융숭한 대접을 받았고, 그의 부하들과 왕래하면서 친교 관계를 맺기도 했다. 그들은 당시 서로 간의 국경 침범과 분쟁에 대한 해결책을 논의하기도 했다.

정충신의 〈건주문견록〉은 그가 1621년 8~9월에 조선의 차관으로 후금의 임시 수도였던 요양遼陽에 다녀온 후 조정에 올린 보고서다. 이 보고서는 이민환이 만포로 귀환한 그다음 해에 이루어진 것으로, 〈책중일록〉의 후속편과 같은 자료다.

1619년 3월 심하에 출병했다가 패배한 조선은 누르하치의 강력한 요청에도 갖가지 핑계를 대고 후금에 국서를 보내지 않았다. 그러나 1621년 3월에 누르하치가 심양과 요양을 공략하여 요동 전체를 장악하자 강화를 모색하지 않을 수 없었다. 또한 당시 후금의 군사 동향이나 침략 계획 등을 탐지할 필요도 있었다. 그래서 정충신을 차관으로 보낸 것이다.

정충신은 1621년 8월 28일 만포를 출발하여 10여 일 만에 요양에 도착했다. 그는 누르하치를 직접 대면하진 못했지만, 4~5일간 요양에 머물면서 '불가침不可侵 보장' 등 조정의 지시 사항을 구두로 전달하고, 후금의 군사 동향을 탐지했다. 언가리參加里 등의 후금 장수들은 조선에 여러 가지를 요구했다. 그들의 요구는 두 나라의 우호를 위해 맹약을 시행할 것, 후금의 차관을 서울로 보내게 허용할 것, 국서에 대한 답서를 보낼 것 등이었다. 또 그들은 후금과 조선이 동맹을 맺을 경우 명나라를 어떻게 할 것인지, 조선이 후금의 차관을 거부하는 이유, 조선이 답서를 보내오지 않는 이유, 조선이 명나라에 보낸 외교 문서에 후금을 '불공대천不共戴天의 원수'라고 표현한 이유 등을 따졌다. 이에 대해 정충신이 단호히 조선의 상황을 설명하거나 노련하게 둘러대면서 답변하자, 후금의 장수들은 반신반의하면서도 대체로 수긍했다.

정충신은 요양에서 10여 일 머물다가 9월 10일 의주로 돌아왔고, 여행 경과와 후금의 팔기군 조직, 최근의 군사 동향, 후계자를 둘러싼 암투 등 탐문 사항을 보고했다. 그것이 바로 이 문견록이다. 그는 조정에 보고한 후 용천에 들러 명나라 장수 모문룡毛文龍에게도 자신이 탐지한 정보를 통지해 주었다.

책중일록 柵中日錄

1. 심하 출병의 배경과 준비

1618년 4월~1619년 2월 18일

이 장에는 1619년 2월 도원수 강홍립 이하 조선군이 압록강을 건너 심하深河로 진격하기 전까지의 시대적 배경과 원정군의 부대 편성 등 출병 준비 상황이 수록되어 있다. 여기에는 1618년 4월 누르하치 군의 무순 함락으로 시작된 전쟁의 서막과 명나라의 원병 요청, 7월 강홍립·김경서의 도원수·부원수 임명과 필자 이민환 등의 종사관 차출 등의 배경이 간략히 기록되어 있다. 강홍립의 도원수 임명에 대하여 허균 일당의 모함이 있어 강홍립이 사퇴를 청했으나, 광해군은 그대로 출발하도록 했다.

이민환 등은 그해 9월 평양에 도착했고, 10월에는 집결지인 창성에 도착하여 여러 가지 준비를 시작했다. 다음 해인 1619년(광해군 11) 정월에 누르하치가 북관 지역을 침범하자 요동경략 양호의 명으로 우리 군 총수銃手 5000명을 양마전으로 소집했으므로 부원수의 지휘하에 조선군 일부가 출동했으나 상황이 종료되자 돌아왔다. 또 양호가 조선의 총수를 구하여 명나라 군졸을 훈련하고자 했으므로 강홍립은 평양 출신 포수 400명을 보냈다. 그해 2월 양호는 후금의 수도 허투알라 진공 작전을 수립하여 세 길로 나누어 군대를 진격하도록 했다. 이들은 3월 1일에 모두 허투알라에 집결하기로 약속했다.

32

조선군은 명나라 동로군 제독 유정의 휘하에 배속되었다. 도원수 강홍립은 전군 1만 3000명을 중영·좌영·우영 전투부대와 도원수·부원수 직할부대 그리고 후방 병참부대로 편성했다. 이민환은 문관 종사관으로 도원수의 참모가 되었다. 원정군의 보급 지원은 평안도관찰사 박엽과 분호조참판 윤수겸이 담당하기로 했다. 그런데 윤수겸은 창성 방면으로 왔으나, 박엽은 끝내 오지 않았다. 조선군은 명나라 감독관들의 독촉 때문에 군량미를 제대로 보급받지 못한 채 불안감 속에서 압록강을 건너게 된다.

1618년(광해 10) 4월 누르하치의 군대가 무순撫順[1]을 함락하고 7월에는 청하淸河[2]를 함락했다. 이에 명나라에서 정벌을 결정하고 우리나라에 군사 징발을 요구했다. 왕王 군문軍門[총독은 왕가수王可守]에서 약 4만의 병사를 요구했으나, 양楊 경략經略[이름은 호鎬]이 "조선의 병사와 군마가 적다는 것은 내가 이미 잘 알고 있다"라고 하여 마침내 그 수를 감하여 총수銃手 1만

● 청하성 유적지(좌)와 청하성의 유적 표지(우)

---

1 요령성 심양시 동쪽 45킬로미터 지점에 위치. 명나라 때 여진족을 막는 최전방 국경도시로서 무순관撫順關이 설치되어 있었다. 평시에는 여기서 마시馬市를 열어 여진족과 교역했다. 1618년 4월 누르하치의 기습을 받자 수비장 이영방李永芳이 항복했다.

2 요령성 본계현本溪縣 지역. 현 소재지 동북쪽 35킬로미터 지점에 청하성淸河城의 유적이 있다. 명나라 때 청하보淸河堡를 두었다가 후에 성을 쌓았다. 북으로는 무순, 남으로는 관전寬甸을 잇는 동육참東六站의 하나로서 여진족을 막는 최전방 군사기지였다. 여기서도 국경 시장인 마시가 열렸다.

3 조선시대 각 군영의 대장을 보좌하던 참모 관직. 문관·무관의 당하관으로 임명하며, 대장이 자의로 추천하

명만 징발했다.

　1618년 7월 조정에서 형조판서 강홍립을 도원수로 삼고, 평안병사 김경서를 부원수로 삼았다. 1618년 8월에는 도원수 강홍립이 궐에 나아가 하직 인사를 했다.

　〔이에 앞서 역적 허균許筠이 사람을 부추겨, 지금 인심이 불측하여 필시 반역의 변이 있을 것이라는 소문을 퍼뜨렸다. 강홍립이 재차 원수의 자리를 사양했으나 허락하지 않고 출발을 재촉했다. 강홍립이 직접 요청한 종사관從事官[3] 정준鄭遵·남이웅南以雄은 왕의 재가를 받지 못하고, 출발에 임하여 부득이 먼 시골의 세력 없는 나 같은 사람으로 자리를 채웠다. 나는 군관 김몽추金夢鰍, 구운남具雲男과 조카 이제륙李齊陸, 노비 양남陽男을 데리고 길을 떠났다.〕

　1618년 9월에 일행이 평양에 도착했다. 조정에서는 평안감사 박엽과 분호조참판分戶曹參判[4] 윤수겸에게 군량의 수송을 담당하게 했다.

　1618년 10월에 우于 수비守備〔이름은 승은承恩〕가 우리 군을 감독하러 왔다. 원수가 창성昌城[5]으로 진군하여 머물렀다. 〔이때 명의 유 제독이 관전寬甸[6]에 진을 치고 있었다. 관전은 창성에서 80리 거리에 있었다. 전령이 길에 이어졌고, 조정에서는 도원수 이하 장령의 성명과 군인 수를 낱낱이 기록하여 우 경략의 군문에 보냈다.〕

　1619년(기미년, 광해군 11) 정월에 오랑캐가 북관北關〔요령성 개원·철령〕[7]을 침범하여 약탈했다. 양 경략이 유 제독〔이름은 정綎〕으로 하여금 양마전亮馬佃[8]〔창성에서 120리〕에 진을 치고 기세를 높이게 했다. 우리 군 총수 5000명을 격문으로 불렀다.

　여 임명한다. 국내외에 출병하는 도원수나 외교 사절도 종사관을 대동할 수 있다.

4　조선시대에 국가적인 큰일이 있을 때 호조의 일을 나누어 맡아본 임시 관청. 임진왜란 때 전장의 식량 수송과 명나라 군대에 대한 보급 등을 담당하기 위해 설치했다. 참판 한 명을 책임자로 두었는데, 그를 분호조참판(약칭 분호조)이라 했다.

5　평안북도의 압록강 중류 지역에 있는 고을. 압록강을 건너 북쪽으로 중국 요령성 관전현과 마주 보고 있다. 1619년 심하 출병 때의 전초기지였다.

6　요령성 관전만족자치현寬甸滿族自治縣의 중심 도시. 관전현은 압록강 수풍댐을 건너 평북 창성군과 마주 보

1619년 1월 9일

원수가 묘동廟洞[9][묘동은 양마전과 팔렬박咖咧泊 사이에 있다]으로 진출하여 부원수로 하여금 3영營의 장수를 거느리고 양마전으로 가게 했다. 이때 눈이 몇 척이나 내려 말 먹이도 떨어졌고 군량은

⊙ 양마전 우모오참
양마전은 현재의 요령성 관전현 우모오진이다.

보급되지 않았다. 나는 원수의 명령으로 벽단碧團, 창주昌洲로 말을 달려 꼴을 군문으로 운송한 후 의주로 서둘러 가서 군량을 재촉했다.

1619년 1월 16일

경략 양호楊鎬는 오랑캐가 물러났기 때문에 여러 부대에 회진回陣하도록 하고, 아울러 은 3000냥을 제독 유정과 유격遊擊 교일기喬一琦[10]에게 보내 직접 창성에 도착하여 군사들에게 나누어 주게 했다. 원수가 잔치를 베풀어 대접했는데, 제독은 원수가 양마전에 오지 않은 것을 이야기하며 앞

⊙ 비구碑泃
요령성 관현전에 있다. 팔렬박으로 추정됨.

고 있다.

7 원래는 명나라의 동북 변경에 있던 철령鐵嶺을 뜻했지만, 여기서는 철령 지역에 있던 해서여진海西女眞의 강국이었던 여허(葉赫)를 지칭한다. 1619년 1월 2일 누르하치는 앙숙이었던 여허를 공격하여 20여 곳의 진보鎭堡를 획득, 많은 포로를 잡고 가옥을 불 질렀다. 명나라의 개원총병 마림馬林이 지원군을 보내자 누르하치는 퇴각했다. 명나라는 여허와 동맹을 맺고 있었고 또 철령 함락을 막고자 지원군을 보낸 것이다.

8 현재의 요령성 관전현 우모오진牛毛塢鎭. 1619년 2월 강홍립의 조선군과 유정의 명군이 합류한 지점이다.

9 평안도 창성군 창주에서 10리 서편에 있던 압록강 중류 강가의 작은 진보. 묘동진은 독진獨鎭으로 권관(廟洞

으로 거사에서는 원수가 물러나 있어서는 안 된다고 했다.

ㅇ 경략이 공문을 보내와 조선의 총수를 구하여 명나라 군졸들을 훈련하고자 했다. 원수는 평양 출신 포수 400명을 보냈다(원수가 장계를 올려 아뢰기를 "서투르고 보잘것없는 백면서생이 외람되이 중임을 맡았으나, 명나라 장수가 억지로 전쟁터에 나아갈 것을 강요하여 작전을 그르칠까 우려되오니 파면해 주시기를 청합니다"라고 했다. 그러나 조정에서는 허락하지 않고 "군대의 진퇴는 모두 제독의 명령을 따르라" 하고 답했다).

1619년 2월

경략 양호가 요동에서 여러 장수들과 회동하여 작전을 상의하고 세 길로 나누어 군대를 진격시켰다(서로西路는 총병 두송과 총병 마림, 중로中路는 총병 이여백, 동로東路는 제독 유정이다). 3월 1일에 모두 노성(허투알라) 아래에 집

⊙ 허투알라 성
후금의 초기 도성으로 흥경노성興京老城이라고도 한다.

權管)을 두었다. 1619년 심하에 출병한 조선군의 주력이 도하한 거점이다. 본문에서 '양마전과 팔렬박 사이에 있다'라고 한 기록은 착오다. 양마전과 팔렬박은 압록강 건너 중국 땅이지만, 묘동은 창성 옆 우리 땅에 있다.

10 ?~1619. 명나라 말기의 무장. 남직예성南直隷省 송강부松江府(현재의 상해) 사람이다. 1619년 2월에 명의 후금 정벌군인 동로군 제독 유정의 휘하에서 조선군을 감독하는 임무를 맡았다. 3월 4일 부차에서 조선군이 패하고 항복하게 되자 언덕에서 투신하여 자결했다.

11 조선시대 종2품 또는 정3품의 무관직으로, 각 군영의 대장 아래에 있는 장관將官을 일컫는다. 오늘날의 참모장에 해당한다.

⊙ 허투알라 궁
허투알라 성의 정전正殿

결할 것을 약속했다고 한다[이때 긴급 전령이 연달아 내려왔다. 그런데 유 제독이 20일쯤 양마전에 도착한다는 말을 들었다].

○ 원수 강홍립이 군사 편성을 다음과 같이 결정했다.

중군中軍[11]은 전 첨사 오신남吳信男, 종사관은 군기시부정 정응정鄭應井, 전 군수 이정남李挺男을 기용했다. 별장別將 숙천부사 이인경李寅卿, 절충장군 이국李挶, 별장 창성부사 박난영朴蘭英은 평양 포수 200명을 거느렸다. 별장 절충折衝 유태첨柳泰瞻은 영마군領馬軍 400명을 거느렸다. 별장 절충 신홍수申弘壽는 서울 포수와 항왜降倭[12] 모두 100명을 거느렸다. 향도장 아이만호 조영립趙英立은 토병土兵[13] 40명을 거느렸다[이상은 도원수 휘하에 속했다].

중군 우후虞候[14] 안여눌安汝訥, 별장 절충 김원복金元福이 수영패隨營牌[15] 800명을, 별장 절충 황덕창黃德彰은 별무사別武士[16]와 신출신新出身[17] 모두 800명을, 군관軍官 한응룡韓應龍은 자모병自募兵[18] 160명을 거느리게 했다.

37

---

12 투순군投順軍이라고도 했다. 임진왜란 때 조선에 투항한 왜병倭兵들로 편성한 부대. 왜군과의 접선을 막기
    위해 평안도와 함경도의 변경에 두고 여진족을 방어하게 했다. 왜란 중 횡행하던 명화적을 토벌하기 위해
    처음 별대別隊를 만들었다.
13 조선시대 변경의 토착 군사를 지칭한다. 주로 함경도와 평안도의 4군 6진 지역에 많았다.
14 조선시대 각 도의 병영兵營과 수영水營에 설치된 무관직. 병영은 종3품관, 수영은 정4품관이었다. 절도사의
    수석 막료로서 부지휘관에 해당한다.
15 함경도와 평안도의 병사兵使에게 직속되어 있던 군사. 변경의 각 진영에 소속되지 않고 유사시에만 병사가

군관 김흡金洽은 입공자효군立功自效軍[19] 50명을, 향도장嚮導將[20] 하서국河瑞國은 토병 80명을 거느리게 했다(이상은 부원수 휘하에 속했다).

중영장中營將 정주목사 문희성文希聖[21]과 중군 강서현령 황덕영黃德韺은 군졸 3350명을 거느렸다.

좌영장 선천군수 김응하金應河와 중군中軍 영유현령 이유길李有吉은 군졸 3480명을 거느렸다.

우영장 순천군수 이일원李一元[22]과 중군 운산군수 이계종李繼宗은 군졸 3370명을 거느렸다.

○ 연영장連營將[23] 청성첨사淸城僉使 이찬李穳은 마군馬軍 5000명을 거느리게 하되, 10개 영으로 나누어 진격로에 열을 지어 진을 치고 순찰사(평안도순찰사 박엽)와 분호조(분호조참판 윤수겸)의 지휘에 따라 함께 계속해서 군량 수송을 담당하게 했다.

(이상의 조선군 편성을 정리하면 다음과 같다.)

편성군	지휘 체계	직급	성명	비고
도원수(강홍립)	중군	전 첨사	오신남	
	종사관	군기시부정	정응정	무관
		전 군수	이정남	무관
		전 군수	이민환	문관(〈책중일록〉 저자)
		정랑	정호서	문관
	별장	숙천부사	이인경	
		절충	이국	
		창성부사	박난영	평양 포수 200명
		절충	유태첨	영마군 400명
		절충	신홍수	경포수·항왜 100명
	향도장	아이만호	조영립	토병 40명

소집하여 부대로 편성했다.
16 조선 후기 5군영과 각 도의 병영에 소속된 기병騎兵. 일반 사병 중에서 별무사도시別武士都試를 거쳐 채용했다.
17 과거에 새로 급제한 사람을 지칭하지만, 보통은 무과에 급제한 군사를 일컬었다.
18 자진하여 모병에 응한 군사.
19 죄수로서 군공軍功을 세워 죄를 씻고자 응모한 군사.
20 출정하는 군사의 최선봉에서 부대를 인도하는 군관.

부원수(김경서)	중군	우후	안여눌	
	별장	절충	김원복	수영패 800명
		절충	황덕창	별무사·신출신 800명
		군관	한응룡	자모병 160명
		군관	김흡	입공자효군 50명
	향도장		하서국	토병 80명
중영	중영장	정주목사	문희성	
	중군	강서현령	황덕영	군졸 3350명
좌영	좌영장	선천군수	김응하	
	중군	영유현령	이유길	군졸 3480명
우영	우영장	순천군수	이일원	
	중군	운산군수	이계종	군졸 3370명
연영	연영장	청성첨사	이찬	마군 5000명(10영)

1619년 2월 16일

나는 박천博川에서 창성으로 급히 달려갔다(나는 원수의 명령으로 의주에서 박천으로 가서 둔전 일을 상의했다. 군병이 장차 도강한다는 말을 듣고 창성으로 달려갔다). 이에 앞서 군영의 장령들이 모두 종사관 이민환이 군중에 있어야 한다고 말했기 때문에 원수가 데리고 가려 했다. 창성에 도착하여 비로소 그 소식을 들어 알게 되었다. 나는 꽉 막히고 무능하다고 사양했으나, 원수는 재삼 강권하고 좋은 말 한 필을 보내왔다.

1619년 2월 18일

분호조참판 윤수겸이 창성에 도착했다(순찰사 박엽은 여러 번 재촉했으나 끝내 오지 않았다. 그래서 원수가 직접 만나서 약속하지 못하고 강을 건넜다).

---

21 생몰년 미상. 조선 중기의 무신. 1594년(선조 27) 무과에 급제하고, 1597년 정유재란 때 공을 세웠다. 광해군 때 수원부사와 정주목사를 지냈다. 1619년 2월 강홍립의 심하 원정군에서 중영장에 임명되었으나, 3월 4일 부차에서 패전하여 포로가 되었다가 풀려났다. 이 전투에서 팔에 부상을 입었다. 후에 광주목사, 경상우수사·좌수사·남한산성별장 등을 역임했다. 1640년 남한산성 축성에 공을 세웠다.
22 조선군의 우영장으로 부차 전투에서 우영을 지휘하다가 패전하자 도망쳐왔다.
23 군수품의 보급로를 관장하는 장수. 연영連營은 보급로 위에 설치한 일련의 거점을 말한다.

2. 압록강을 건너 심하까지의 고달픈 행군

1619년 2월 19일~3월 2일

조선군은 1619년 2월 19일 좌영과 우영을 필두로 압록강을 건넜다. 도원수와 지휘부는 다음 날, 중영은 23일 강을 건넜다. 강을 건넌 3영의 군졸은 1만 100여 명이었고, 도원수와 부원수의 휘하에는 2900여 명이 있어 모두 1만 3000여 명이었다. 일행은 23일까지 팔렬박에 집결했다가 2월 24일 행군을 시작하여 앵아구에서 숙영했고, 25일에는 엄수령을 넘어 양마전에서 숙영하고, 26일에는 진자두에서 명나라 군대와 합류하여 진을 쳤다. 도원수 강홍립은 제독 유정에게 군량이 도착할 때까지 머물기를 요청했으나, 유정은 허락하지 않았다.

2월 27일 명나라 군대는 앞서 나가 평정산에 진을 쳤고, 조선군은 배동갈령을 넘어 10리쯤에서 숙영했다. 28일은 조선군이 험난한 우모령을 넘어 해가 질 무렵 우모채에 도착했다. 이날 처음으로 소수의 적군과 조우했으나, 본격적인 전투는 벌어지지 않았다. 29일은 도원수가 유정에게 군량이 고갈된 사정을 호소하여 우모채에서 하루를 머물렀다. 도원수는 역관을 명나라 진영에 보내 쌀 열 자루를 빌려 우영에 먹이도록 했다. 명나라 측에서 조선 기병 400여 기를 요청하여 그들에게 배속했다. 이날 강홍립은 제독 유정과 의논하여 적진 후방에 밀정을 보내게 되었는데, 통사 하서국과 김언춘이 여진족의 항복 권유문을 가지고 떠났다.

3월 1일 아침에 비로소 군량 수십 석이 도착하여 우영에 나누어주었으나 1만 3000명에게 보급하기에는 터무니없이 부족했다. 이민환은 분호조참판 윤수겸에게 군량 지원을 요청하는 편지를 보냈으나, 언제 도착할지는 아득한 일이었다. 대략 이와 같은 것이 접전 전야의 조선군 사정이었다.

1619년 2월 19일

좌영과 우영이 압록강을 건넜다.

1619년 2월 21일

원수가 강을 건넜고 나도 함께 건너 팔렬박에서 유숙했다. 〔창성에서 25리. 군관 김몽추를 돌려보내면서 집에 편지를 부쳤다. ○ 문관 종사관 둘은 나와 정랑 正郎 정호서丁好恕[24]이며, 무관 종사관 둘은 부정 정응정과 군수 이정남이다. 정랑 정호서는 일 때문에 관서關西에 머무르고 있었고, 나와 부정 정응정, 군수 이정남은 강을 건넜다. 세 종사관은 모두 원수의 휘하에 있었다.〕

1619년 2월 22일

중영이 강을 건넜다.

○ 유격 교일기가 왔기에 원수 강홍립이 가서 만났다. 교 유격이, 제독 유정이 경략 양호에게 미움을 받았다고 이야기했다〔교 유격이 은밀히 이야기하기를, "양 경략과 유 제독이 본래 사이가 좋지 않았고, 전날 요동에서 회의할 때 유 제독은 군사 출동 시기를 4~5월로 미루려고 했으나, 양 경략이 크게 노하여 친하고 신

41

24 1572~1647. 조선 후기의 문신. 1608년 별시문과에 급제하고, 사간원정언, 고성군수, 병조좌랑을 역임했다. 1619년 2월 조선이 심하로 출병할 때 문관 종사관에 임명되었으나, 현지에 종군하지는 않고 평안도에서 후방 지원을 담당했다. 후에 정주목사, 태안군수, 동래부사 등을 지냈다.

임하는 장씨 성을 가진 사람과 우승은于承恩으로 하여금 홍기紅旗를 가지고 진을 감독하게 했고, 또 나에게 은밀히 첩문을 보내어 유정이 만일 지체하면 동로의 마군을 통솔하라고 했다"라고 한다. 이번 거사에 참여한 여러 장수 중에서 두학림杜鶴林[25]은 용감하지만 무모하고, 나머지는 평범하다고 한다).

1619년 2월 23일

3영이 모두 도강했다(원수는 나로 하여금 강을 건넌 군병의 실제 수를 조사하게 했다. 3영의 군졸은 1만 100여 명이고, 도원수와 부원수의 휘하에는 2900여 명이 있다).

○ 종사관 정호서가 서울에서 왔다. 군사들에게 상으로 주기 위하여 홍패紅牌[26] 500장, 고신告身[27] 1만 장을 가지고 왔다. 원수가 나를 담당자로 지정하여 전장에 싣고 가게 했다(수를 세어 보니 면천免賤·면역免役·허통許通 첩帖[28] 500장이 모자랐다. 정호서가 말하기를 "내가 군량미 조달에 쓰려고 창성에 두고 왔다"라고 했다).

1619년 2월 24일

행군했다. 원수는 중영을 거느리고 앵아구(팔럴박에서 30여 리)에서 유숙했다. 좌영이 10리를 먼저 가서 숙영했고, 부원수가 우영을 거느리고 그다음에 숙영했다(교 유격이 우영에 들어갔다).

1619년 2월 25일

눈이 내렸다. 3영이 엄수령을 넘어 양마전에 도착했다(앵아구에서 10여

---

25 1619년 명나라의 서로군 제독이었던 산해관총병 두송을 지칭한 것으로 보인다. 그는 얼굴색이 칠흑같이 검어 '두흑자杜黑子'로 불렸는데, '흑黑'과 '학鶴'의 음이 비슷하여 '두학림杜鶴林'이 된 것으로 보인다.

26 조선시대에 문무과 급제자에게 주던 증서. 교지敎旨의 일종으로, 붉은 장지에 급제 사실을 기록했다. 여기서는 전공을 세운 군사에게 포상용으로 주기 위해 이름 난을 비워둔 무과 홍패로서, 공명첩과 유사하다.

27 신분·관작 등의 수여 증명서. 교지의 일종으로, 보통은 수여되는 품계와 관직을 기록했으나, 관직 없이 관작 품계만 수여한 것도 많고, 면천免賤이나 면역免役, 서얼 허통許通 등의 사실을 기록한 증명서도 있다. 여기서는 전공을 세운 군사에게 포상용으로 주기 위해 이름 난을 비워두고 관작 품계만 명기한 공명첩 또는

리). 눈이 개고 바람이 불었다. 추위가 매우 심하여 군졸 중에는 얼어 죽은 자가 있었다.

◎ 양마전의 갈림길
오른쪽 길은 관전으로, 왼쪽 길은 엄수령으로 통한다.

◎ 진자두로 추정되는 왕가보 마을

1619년 2월 26일

제독 유정이 관전으로부터 양마전을 지나 진자두榛子頭[29]〔양마전에서 20리〕에 도착했고, 3영이 이어서 진을 쳤다. 원수가 제독에게 가서 말하기를 "군량이 아직 도착하지 않았으니 여기 머물면서 기다렸다가 행군하려고 합니다"라고 했다. 유제독이 말하기를 "군사작전 기한(師期)이 이미 정해져 있고, 군율이 지엄하니 결코 지체하기 어렵다"라고 했다〔강康 안찰按察[30]이 양마전 아래 10리쯤에 주둔지를 설치했다. 군량을 쌓아 두고 소와 노새가 실어 나르는 것이 길에 연이어지고 있었다〕.

1619년 2월 27일

명나라 장수의 여러 진〔제독 유정, 부총관 강응건, 조祖 참장參將, 교 유격, 장張 도사都司, 주周 도사, 유劉 수비〕이 먼저 평정산平頂山에 도착하여 숙영을 했다.

43

면천첩, 면역첩, 허통첩을 뜻한다.

28 면천첩은 노비 신분을 면해 주는 증서, 면역첩은 신역(부역)을 면해주는 증서, 허통첩은 서얼 신분을 면하여 과거를 볼 수 있게 허가한 증서를 말한다. 첩帖은 증서나 확인서 등 국가에서 발급하는 공문서다.

29 현재의 관전현 우모오진 청산구青山溝 혹은 왕가보王家堡 마을로 추정된다.

30 1619년 명나라의 해개도안찰사海蓋道按察使 강응건康應乾을 말한다. 후금 정벌군의 동로군 부총병이었다. 안찰사는 명나라 때 도찰원都察院에서 각 성과 군영에 파견하여 감찰, 소송 등을 담당하게 했던 관직이다.

우리 군은 배동갈령拜東葛嶺[31]을 넘어 10리쯤에서 숙영했다(진자두에서 50리).

이때 3영이 가져온 군량은 다 떨어졌지만 후속 군량이 아직 도착하지 않은 상태였다. 보졸이 행군하면서 정강이가 부르트고 피가 흘러 명나라 군대와 이어서 진을 치지 못하니, 우 수비(우승은)가 홍기紅旗를 가지고 원수의 앞에 와서 찼던 칼을 빼고는 소리쳐 말하기를 "유 제독이 조선 군대가 뒤떨어져 있다고 장차 나의 목을 치려고 한다"라고 하면서 교 유격의 표문票文을 꺼내 보였다. 거기에는 "조선군에 군량이 없지 않은데, 머물러 관망하면서 두려워하고 위축된 것이 매우 심하다"라고 쓰여 있었다.

원수가 부득이 여러 장수들과 상의하고 각 영에서 600명을 뽑아 노영老營[32]을 설치하고, 숙천부사 이인경으로 하여금 지키게 하고, 보병들이 짊어진 무기와 운반하기 어려운 무기를 모두 풀어놓은 후, 다음 날 새벽에 행군을 재촉하여 명나라 장수가 도착한 곳으로 따라가도록 했다.

[유 제독이 양 경략에게 미움을 받는지라 기간을 어기는 것으로 죄를 짓게 될까 두려워하였는데, 매번 조선군이 뒤떨어져서 전군이 쉽게 진군하지 못한다고 탓했다. 장차 우리 군으로 죄를 돌려 자신의 죄를 모면하려고 한 것이다. 이에 원수는 부득이 굶주린 군졸을 재촉하여 위태롭고 험한 곳으로 깊이 들어갔다. 연영장 이찬의 군마는 그림자

● 배동갈령이 확실한 감천령 표지석

44

---

31 요령성 관전현과 환인현 경계를 이루는 산맥과 국도 201호가 만나는 고갯마루로, 현재의 감천령欣川嶺이다.
32 원래는 본영本營을 뜻하지만, 여기서는 최전선의 후방에 설치한 전진기지 혹은 베이스캠프를 의미한다. 공격에 참여하지 않는 잔류 부대라고 할 수 있다.

도 보이지 않았고 군량은 도착하지 않았으며 또 후원도 없으니 낭패할 걱정이 이루 다 말할 수가 없었다.]

1619년 2월 28일

새벽에 원수가 평정산으로 달려가서 제독을 뵈었다. 3영을 재촉하여 우모령牛毛嶺[33]을 지나는데 수목이 가리고 있어 지적을 분간할 수 없었다. 앞서 갔던 병사들이 연이어 함성을 질러 일행이 깜짝 놀랐다. 잠시 뒤 부원수의 군관 장제민張濟民이 모자를 벗고 땀을 흘리며 원수의 말 앞에 엎드려서 겨우 소리 내어 말하기를, "먼저 간 군병이 이미 적과 서로 싸우고 있습니다"라고 했다. 원수가 산비탈로 말을 달려 후방의 군대를 재촉하고 화포를 쏘게 했다.

나는 원수에게 "현재의 지세를 보니 적병이 가로막을 리가 없습니다. 명나라 장수가 이끄는 여러 부대와 부원수가 지나간 지 이미 오래인데 함성이 나왔다는 것은 겁먹은 군졸이 저지른 것에 불과합니다. 적과 서로 싸운다고 한 것은 아마도 잘못 전해진 말일 것입니다. 군사들을 놀라게 했으니 그 죄가 참수형에 해당합니다"라고 했다.

한참 동안 다시 경보가 없으므로 드디어 길을 열어 앞으로 행군하며 나아갔다[적군이 큰 나무를 베어 길을 막아놓았다]. 해가 질 무렵에 우모채牛毛寨[34]에 도착하여 명나라 군대와 연이어 숙영을 했다[배동갈령에서 80여 리]. 저녁에 수영패의 한 사람이 와서 말하기를, 오늘 저녁 고개를 넘을 때 그가 명나라 병졸 한 사람과 함께 적에게 붙잡혔는데[적은 3000여 명이었다고 한다], 명

45

---

33 요령성 환인현 보락보진普樂堡鎭 와방촌瓦房村에서 우모대산牛毛大山을 넘어 대전자촌大甸子村으로 가는 고갯마루.
34 요령성 환인현 우모대산 북쪽 기슭에 있는 대전자촌이다. 당시 여진족 30여 가구가 살던 마을이었다.

나라 사람은 결박하여 데려가고 그는 나무에 묶어 두고 갔기 때문에 그대로 빠져나올 수 있었다고 한다. 군영에서는 모두 그 황당한 이야기가 아마도 앞서 잘못 전한 말을 사실로 만들려는 것이라고 의심했다(엄수령淹水嶺에서 우모령까지는 산이 높고 물이 깊었으며 길은 좁고 험하여 행군이 매우 어려웠다. 우모채를 지난 이후 길은 평탄하고 높은 산과 준엄한 고개는 없으나 계곡은 험악하고 구불구불하여 여러 번 건넜고, 허리가 빠질 정도로 깊었다).

1619년 2월 29일

원수가 제독 유정을 보러 가서 "사졸이 굶주리고 군량이 아직 도착하지 않았으니 앞으로 진전하기만 하면 크게 낭패할 것입니다"라고 힘써 말했다. 제독이 "작전 기한이 이미 정해져서 잠시 주둔하는 것도 불가하지만 원수의 체면을 보아 하루만 머물겠다"라고 했다.

○ 원수가 역관을 보내 쌀 열 자루를 교 유격에게서 빌려 우영에 지급했다(우영은 3영 중 식량이 가장 부족했다. 왜냐하면 강을 건널 때 3영의 군대가 각각 3일 치의 군량을 꾸렸는데, 중영과 좌영은 묘동에서 강을 건너 팔렬박에 도착해서 3일 치의 군량을 더 받았다. 양마전에 출병할 때 강을 건너서 팔렬박에 쌓아둔 군량이 500석이었는데, 우영은 창주에서 바로 강을 건너서 대와방大窩坊[35]에 도착했으므로 팔렬박을 지나쳐 더 받은 것이 없었기 때문이다.)

○ 부총병 강응건과 유격 교일기가 우리 군사를 진군시켰다(교 유격이 우리나라의 기병을 요청하여, 원수가 부득이 400여 기를 동행시켰다).

○ 원수가 제독을 보고 은밀히 상의했다. "앞길이 평탄한지 험한지, 적

---

35 현재의 요령성 관전현 홍석진紅石鎭 대와방구大窩坊沟다.

군의 형세가 어떠한지 모르니 가벼이 전진할 수 없습니다. 6진六鎭[36]의 번호 중에서 우리나라를 그리워하고 사모하는 자들이 누르하치(奴酋)의 휘하에 많이 있는데, 만일 서로西路[37]에 적의 대군이 몰려 들어갔다면, 번호의 무리를 회유하여 내응하게 할 수 있습니다"라고 하니 제독이 매우 그럴듯하게 생각했다. 휘하의 군관 한 사람을 차출하여 통사 하서국 및 김언춘金彦春과 함께 회유하는 격문을 가지고 오랑캐 지역으로 들여보내 번호를 타이르고 정탐하게 했다(그 격문의 대강은 "우리는 7종의 화기火器가 있어 너희가 감당할 수 없으니, 빨리 와서 항복하라"라는 것이었다). 명나라 군관은 10리도 가기 전에 적을 만나 달아났고, 하서국 등은 격문을 가지고 앞으로 갔다.

1619년 3월 1일

아침에 군량이 비로소 도착하여 우영에 나누어주었다(우리 군이 강을 건너고 지금 10여 일이 지났는데, 여전히 연영장 이찬의 보급 군은 그림자도 보이지 않기에 운송을 독촉하자 비로소 가지고 왔으나, 군량은 겨우 수십여 석이었다).

○ 이때 중국 장수들이 의장을 버리고 행군했다. 원수는 한 부대를 설치하여 절월節鉞과 운반하기 어려운 무기를 모아두고, 군관 오희성吳希聖으로 하여금 지키게 했다.

○ 제독이 먼저 행군하고 3영이 뒤이어 출발하여 마가채에 도착했다(우모채와 40리. 교일기와 강응건은 지나는 부락을 모두 불사르고 수급을 조금 얻었는데, 자못 공을 탐해 서두르는 모습이 있었다).

○ 분호조의 군관 김준덕金峻德이 비로소 나타났다. 군량이 도착했는지

---

36 조선 세종 때 두만강 하류의 남방을 개척하여 설치한 진영으로, 점차 변경의 군사도시가 되었다. 종성鐘城·온성穩城·회령會寧·경원慶源·경흥慶興·부령富寧이 그것이다. 북방의 여진족을 견제하고 방어하는 군사 거점이었다.

37 1619년 명나라의 후금 토벌군 주력인 두송 부대의 공격로. 무순에서 사르후를 지나 후금의 수도 허투알라로 향했으나, 사르후에서 누르하치 주력군의 공격을 받아 궤멸했다.

⊙ 우모령 북쪽 사면의 우모채 추정지(좌)와 우모채 앞의 대전자 마을(우)

물으니 "오래지 않아 도착할 것입니다"라고 답했다. 나는 원수에게 "전군이 먹지 못한 지가 지금 이미 여러 날이 되었는데, 군량을 관리하는 군관이 뒤늦게 나타나서는 '마땅히 도착할 것'이라며 속이는 짓이 이와 같으니, 그 죄를 용서할 수 없습니다. 청컨대 참수한 후 각 군영에 머리를 돌려 굶주린 군졸의 마음을 위로하십시오"라고 했다. 원수는 그것을 허락하지 않고 "지금은 일단 용서할 것이니, 속히 돌아가 군량을 운반해오라" 하고 타일렀다.

〔나는 분호조참판 윤수겸에게 편지를 보냈다. "삼가 편지를 받으니 매우 위로가 됩니다. 외로운 군대(懸軍)[38]가 깊숙이 들어온 것이 이미 300여 리인데, 적병이 나타나지 않으니 유인하는 것이나 아닌지 걱정이 됩니다. 아니면 서로西路의 대병大兵이 바로 적의 소굴을 공격하여 적군이 모든 병사를 데리고 막느라 동로東路로 올 여유가 없는 것일까 합니다. 다만 아군은 강을 건넌 후에 명나라 장수가 행군을 재촉하기가 성화와 같습니다. 그러나 보급 부대는 지금까지 도착하지 않았고 운반한 군량은 겨우 수십

───────────────

38 응원군의 지원 없이 본대를 떠나 홀로 적진 깊숙이 쳐들어가는 군대.

여 석이라, 전군이 밥을 먹지 못한 지가 지금 이미 여러 날입니다. 자고로 굶주린 군졸을 재촉하여 갖은 고생을 다하며 겨우겨우 행군한다면, 적중으로 깊이 들어간다 해도 그 뒷일을 잘 처리하기가 어렵습니다. 여러 차례 제독에게 군량을 기다리자 청했지만, 곧장 지체하거나 두려워하는 것이냐고 말하니, 전군의 상황이 참으로 한심하다고 하겠습니다. 다 늙은 서생이 전장의 시체가 되는 것은 운명이니 어쩌겠습니까! 다만 생각건대, 이번 출정이 잘못되면 변경의 근심이 끝이 없을 것이니, 모르겠지만 형께서도 또한 이 문제에 대해 염려하고 계시겠지요? 군관으로 하여금 이곳의 상황에 대해 자세히 알게 하여 보냈으니 반드시 사실대로 아뢸 것입니다. 바라건대 부디 군량 수송을 최대한 재촉하여 굶주린 군졸을 구제해주신다면 천만다행하겠습니다.")

　○ 야간에 군사 훈련을 했다.

3. 첫 접전에서의 승리

1619년 3월 2~3일

명군과 조선군은 1619년 3월 2일 아침 우모채에서 행군을 시작하여 한낮에 심하에 도착했다. 적병 500에서 600기가 진을 치고 기다리고 있었으나, 명군과 조선군이 진격하자 적군은 패주하여 산으로 올라갔다. 명-조선 연합군은 산을 포위하여 전투를 벌였고, 많은 적의 목을 베고 적장 두 명을 참살했다. 이 전투에서 조선군 중영장 문희성이 화살에 맞아 왼손을 다쳤고 군졸들도 부상을 입었다. 유정이 아끼던 명나라 수비 유길룡도 화살에 맞아 죽었다. 적병은 패주하며 흩어져 다시는 공격하지 못했고, 날이 저물자 각 부대는 숙영했다.

3월 3일은 전군의 식량이 떨어져 미숫가루로만 요기를 했다. 강홍립이 유정에게 군량이 도착할 때까지 진군을 멈추고 기다리자고 요청하여 하루 더 심하에서 머물게 되었다. 강홍립은 3영의 군사들에게 여진족 부락을 약탈하고 땅속에 숨겨둔 곡식을 찾아 죽을 만들어 먹게 했다. 또 별장 유태첨에게 기병 300명을 거느리고 나가 군량을 맞아오게 했으나, 적군에게 길이 막혀 무위에 그쳤다.

별장 박난영 등이 병사를 데리고 산을 수색하여 적군의 머리 30급을 베고 남녀 10여 명과 우마 18마리를 생포했다. 수급은 제독에게 보내고 가축은 3영에 나누어주어 군사들을 먹이게 했다. 조선군은 오랜만에 고기를 먹으며 의기양양하게 잠들 수 있었다. 꿈같은 첫 승리의 도취였다.

이날 명나라 장수는 적군 포로들을 심문했는데 모두가 말하기를, 후금 군대는 모두 서로西路 전장으로 가고 이쪽을 지키는 병력은 수천에 불과하며, 어제 전투에 패배해 사상자가 과반이 넘는다고 말했다. 이러한 적군의 진술에 따라 명나라 지휘관들은 완전히 방심하게 되었다.

저녁 무렵에는 멀리서 세 번의 대포 소리가 들렸는데, 명나라 장수들은 이것이 명나라 대군이 근처에 도착한 증거라고 믿었다. 그러나 사실은 사르후 전투에서 승리한 후금 군이 신호용으로 발사한 것이었다. 이러한 정보 판단의 착오 때문에 다음 날 명-조선 연합군은 궤멸적인 패배를 맞게 된다.

1619년 3월 2일

행군하여 오시에 심하(마가채馬家寨[39]와 20여 리)에 도착했다.

적병 500~600기가 진을 치고 기다리고 있었다. 명나라 장수가 먼저 진격하고 아군이 뒤따랐다. 적군은 패주하여 산으로 올라갔다. 제독은 아군의 포수와 사수를 독려하여 전투를 벌였고, 적은 험지에 의지하여 견고히 방어했다. 화살이 비 오듯 하는 가운데 중영과 우영이 연달아 힘을 다해 적과 싸워(당시 좌영은 후위대(殿後)[40]가 되어 아직 도착하지 않았다) 적의 수급이 자못 많았다. 중영장이 화살에 맞아 왼손을 다쳤다. 군졸 중에도 다친 자들이 있었다. 수비守備 유길룡劉吉龍(제독이 가장 아끼는 자다)이 화살에 맞아 죽었다. 적장이 활시위를 당기며 돌진하자 아군이 뒷걸음쳤다. 원수가 다시금 전진하라고 독려했는데, 서울 포수 이성룡李成龍이 탄환을 쏴 적장

---

39 《광해군일기》에는 울랑산鬱郎山 또는 울랑산성鬱郎山城이라고 했다(《광해군일기》 중초본 138권, 광해군 11년 3월 1일 갑신). 우모채에서 40리 동북쪽 방면에 있다.
40 후미 부대. 군대의 맨 뒤에서 추격하는 적군을 막는 군대를 말한다.

⊙ 중국 요령성 환인현 화첨자에서 이호래진과 삼도하자를 지나 혼강으로 들어가는 하천.
지금은 육도하(좌)라고 부른다. 삼도하자 마을 앞의 심하(우).

을 맞혔고, 한명생韓明生이 참살하자[41] 적병이 패주하며 흩어졌다(동쪽 가장
자리 높은 산 위에 적병 1000여 명이 주둔하고 있었지만 끝내 전투를 벌이지 않았다).
날이 저물자 각 부대는 숙영했다.

〔당시 중영장 문희성이 부상을 입어 지휘할 수 없게 되자, 원수가 중군 황덕영을 임
시로 중영장에 임명했다. 한밤중에 적의 기병이 절영浙營(절강 지역 출신으로 이루어진 부
대)으로 돌격했지만, 진영에서 연달아 화포를 발사하자 적이 물러갔다. ○ 유길룡은 우
리나라의 고령 이씨李氏로 중국으로 흘러들어간 자라고 한다. 아마도 유씨 성을 가진
사람이 데려다 양자로 삼았던 것 같다〕.

1619년 3월 3일

3영의 군졸이 못 먹은 지 여러 날이 지났다. 〔사졸은 각자 가져온 미숫가루로
만 요기했다.〕 원수가 제독을 뵙고 "군량이 다 떨어져 사졸이 녹초가 되었으
니 군량을 기다리지 않을 수 없습니다"라고 하자, 제독은 "작전 기한이 이
미 지나 잠시도 머무를 수 없지만 일단 하루를 머물겠다"라고 답했다(어제 유
길룡이 전사하여 제독이 몹시 비통해했는데, 시신을 찾아 화장한 후 하루를 머물렀다).

○ 원수가 3영으로 하여금 각 초哨(중대)에서 군사를 보내 부락을 약탈하
고 땅속에 숨겨진 곡식을 빼앗아 돌로 찧어 죽을 만들어 먹게 했다.

○ 원수가 별장 유태첨으로 하여금 기병 300명을 거느리고 나가 군량을
맞아오게 했다. 유태첨은 날이 저물 무렵 돌아와 "10리도 가기 전에 적병
이 가로막아 나아갈 수 없었습니다"라고 했다.

○ 별장 박난영, 신홍수, 군관 정기남이 병사를 데리고 산을 수색하여 적

---

41 이때 전사한 후금 군의 장수는 동악부棟鄂部의 우록牛錄 장이었던 액이눌額訥과 액혁額赫 두 사람이었다.

◉ 사르후 전적지
1619년 3월 사르후 전투가 벌어졌던 곳.
현재는 대화방 댐 축조로 수몰되었다.

혼하渾河

원수림元帥林

자편성

소자하

대화방 댐
주 전투지

◉ 자편성과 사르후 전적지 일대

◎ 1619년 3월 사르후 전투에서 승리한 후 세운 사르후 전적비각(상)과 전적비(하)

의 수급 30급을 베고 남녀 10여 명과 우마 열여덟 마리를 생포했다. 〔수급
은 제독에게 보내고 가축은 3영에 나누어 군사들을 먹였다.〕

O 명나라 장수가 포로를 심문하자 모두 말하기를 "군대가 죄다 서로西
路에 갔기 때문에 이 길을 지키는 병력은 수천에 불과하며, 어제 전투에 패
배해 사상자가 과반이 넘는다"라고 했다. 여러 포로들의 진술이 한결같았
다. 저녁 무렵 산 위의 척후병이 내려와 보고하기를, 멀리서 세 번의 대포
소리를 들었는데 은은히 동북쪽에서 났다고 했다. 명나라 장수는 모두 서
로의 대군이 필시 100리 밖에 도착한 것이라고 여겼다 한다〔나중에 들으니
적이 명나라의 대포를 빼앗아 서로 소식을 전했다고 한다. 오랑캐 진영에서 발사한 것
을 잘못 안 것이 이와 같았으니, 통탄스러움을 이루 말할 수 없다〕.

4. 부차에서의 패전과 강화 교섭

1619년 3월 4~5일

드디어 운명의 3월 4일이 밝았다. 오전 7시 무렵 심하에서 군사가 출발했다. 명나라 장수가 먼저 갔고 조선군의 좌영, 중영, 우영이 뒤따라갔다. 몇십 리를 가자 부차富車 지역에 도착했다. 이곳은 노성에서부터 60여 리 떨어진 곳이다.

이때 갑자기 돌풍이 일어나고 연기와 먼지가 하늘을 가렸다. 이는 앞서 가던 명나라 군사들이 근처의 여진 부락 100여 집을 불태웠기 때문에 일어난 것이었다. 원수 강홍립과 중영은 길 왼쪽의 높은 언덕으로 올라가고, 좌영은 앞쪽의 높은 봉우리에, 우영은 남쪽의 언덕에 진을 치게 했다. 중영과 우영은 즉시 언덕에 진을 쳤지만, 앞서 나간 좌영은 이미 평원에 진을 치고 있었다. 원수는 사람을 보내 좌영을 높은 언덕으로 옮기라고 했지만, 적의 기병이 이미 진 앞에 들이닥쳤으므로 형편상 이동하기 어려웠다.

잠시 후 앞서 나갔던 명나라 군대의 장수들이 달려와 패전 소식을 알렸다. 제독 유정이 전사하고 1만여 병사들이 전멸했다는 소식이었다. 곧이어 연기와 먼지 속에서 적의 기병들이 들이닥쳐 조선군을 포위 공격해 왔다. 좌영이 고립되었으므로 강홍립은 즉시 우영으로 하여금 전진하여 좌영과 합세해 싸우도록 명령했다. 겨우 전투 대열이 만들어졌으나, 적의 기병은 비바람같이 일제히 돌진해 왔다. 조선군이 조총을 한 차례 발사한 후 다시 장전하기도 전에 적은 이미 진영으로 돌입했다. 엄폐물이 없는 들판에서 조선의 보병은 후금의 철갑 기병에 의해 그대로 유린되었다.

좌영과 우영이 차례로 궤멸되고 김응하 등 7000여 장병이 도륙되다시피 했다. 서너 시간에 걸쳐 진행된 이 살육전을 강홍립 등의 지휘부는 중영의 언덕에서 내려다보며 완전히 넋을 잃었다. 중영에서 두 진영까지의 거리는 불과 1킬로미터 남짓했지만, 창졸간이라 도와주러 갈 엄두를 내지 못했다. 두 부대를 평정한 후금 기병들이 중영으로 치달려 왔다. 중영은 높은 언덕에 있었으므로 그들은 바로 공격하지 못하고 포위 작전에 들어갔다. 며칠이나 굶은 조선 군졸들은 초조함이 극에 달했다. 그들은 도망가려 해도 퇴로가 끊겼고 싸우려고 해도 사기가 무너져 기진맥진했다.

이때부터 강화 교섭이 시작되었다. 조선과 후금 양측은 본래 서로 원한이 없었고, 명나라의 강요에 의해 조선이 파병한 사정을 적군도 이해했다. 그날 부원수 김경서가 적진에 갔고 다음 날은 도원수 강홍립이 무장을 풀고 적진에 가서 강화를 타결했다. 말이 강화지, 사실상 항복이었다. 두 원수와 이민환 등을 비롯한 5000여 명의 조선 패잔병은 3월 5일 포로로 잡혀 후금의 수도 허투알라로 압송되었다. 그들은 조선과 후금 사이에 화친이 이루어지면 송환될 수 있고, 만일 끝내 협박과 오욕을 당하면 그때 죽어도 늦지 않을 것이라고 자위하면서 은인자중하며 잡혀갔다.

1619년 3월 4일

원수가 종사관 이정남으로 하여금 유태첨을 대신해 군사를 인솔하여 군량을 맞아오게 했다.

⊙ 부차들판은 현재의 환인현 이호래진과 홍당석紅塘石 일대의 들판이다. 그리고 사진 속 가운데 낮은 언덕은 중영 혹은 우영이 진을 쳤던 곳으로 추정된다.

⊙ 홍당석 마을의 표지판

○ 진시辰時(오전 7~9시)에 군사가 출발했다. 명나라 장수가 먼저 갔고, 아군의 좌영·중영·우영이 연이어 전진했다. 도로는 평탄했지만 산골짜기가 연달아 있어 매복이 있을까 염려스러웠다. 진영의 군졸로 하여금 각기 거마작拒馬柞[42]을 메고 전진하도록 했다. 겨우 몇십 리를 가니 부차 지역[노성에서 60여 리]이었다. 세 번의 대포 소리를 연달아 들었다.

원수가 말을 타고 길 왼쪽의 높은 언덕으로 올라가자, 돌풍이 갑자기 일어나고 연기와 먼지가 하늘을 가렸다. 필시 적의 조짐이라 여겨 즉시 좌영으로 하여금 앞쪽의 높은 봉우리에, 중영은 원수가 올라간 언덕[43]에, 우영은 남쪽 언덕에 진을 치게 했다. 중영과 우영은 즉시 진을 쳤지만, 좌영은 이미 평원에 진을 치고 있었다. 원수는 별장 박난영으로 하여금 좌영으로 서둘러 가서 좌영을 높은 언덕으로 옮기게 했는데, 적의 기병이 이미 진 앞에 들이닥쳐 형세상 이동하기가 어려웠다[당시 근처 부락 100여 집을 명나라 병사들이 불태웠는데, 그 연기

---

42 적의 기병을 가로막는 목재 장애물. 녹각鹿角이라고도 한다. 나무를 가로세로로 얽어 맞추어 쭉 벌려 세워서 적의 침입을 막던 기구였다.

43 홍당석·이호래에 걸친 부차들판의 서남쪽에는 여러 갈래의 언덕이 있어 중영과 우영이 올라가 진지를 설치한 지점을 분간하기 어렵다. 이 장에 수록한 사진 중의 한 언덕이 중영에 해당할 것이다.

가 바람을 타고 와서 진영을 뒤덮었다).

중영 앞에는 높은 언덕이 있어 진중을 내려다볼 수 있었다. 원수는 별장 황덕창으로 하여금 그의 군졸과 중영의 정탐 부대를 이끌고 그 봉우리에 주둔하도록 했다. (적병이 봉우리 앞에 도착하기도 전에 황덕창이 먼저 퇴각하여 진영으로 오더니 요망한 말로 부추겨 군사들의 심리를 동요시켰다. 원수가 노하여 군율軍律을 시행하려다 그만두었다.)

잠시 후 진陳 상공相公, 우 수비, 교 유격이 말을 타고 도착하여 명나라 병사들이 모두 전사했으며, 제독 또한 죽음을 면치 못했다고 전했다.

(어제 제독이 앞길을 정탐하게 했는데, (정탐병이) 오늘 새벽에 돌아와 가합령家哈嶺 밖에는 전혀 적의 조짐이 없다고 했다. 이 때문에 제독이 질주하며 앞장서 행군했고, 수십 리에 걸쳐 각기 부락들을 약탈하며 가느라 대오를 이루지 못했다. (하지만 이미) 오랑캐 장수 귀영가貴盈哥[44]는 3만여 기병을 이끌고 서로에서 밤새도록 달려와 새벽에 가합령을 넘어 산골짜기에 숨어 있다가 불의에 습격하여 명나라 군대의 앞과 뒤를 끊어버리니 다른 여러 부대가 손을 쓰기도 전에 대부분 전사했다.)

우 수비와 진 상공은 즉시 서둘러 떠나갔다. 교 유격은 "나는 귀하의 군대를 감독해야 하니 떠날 수 없다"라고 했다. 원수는 활, 화살, 도검刀劍을 주고는 함께 일을 도모하기로 약속했다. 연기와 먼지 속에서 멀리 바라보니 적의 기병이 엄청나게 이르러 양익兩翼을 만들면서 점차 포위해 왔다. 좌영의 군관 조득렴趙得廉이 달려와 급변을 보고하자, 원수는 고립되고 위급함을 걱정하여 즉시 우영으로 하여금 도우러 가되 급히 전진하여 좌영과 진을 연결하도록 명령했다. 겨우 대열이 만들어졌는데 적의 기병이 일

---

44 누르하치의 둘째 아들로, 이름은 다이샨(代善, Daišan, 1583~1648)이다. 대패륵大貝勒(Amba Beile)에 올라 정홍기正紅旗와 양홍기鑲紅旗 두 기를 지휘했다. 심하 전투의 주장主將이었다. 1607년 우라(烏拉)를 격파한 후 누르하치로부터 고영파도로古英巴图鲁(GoyingBator, '강철 영웅'이라는 뜻)라는 칭호를 받았다. 명나라에서는 귀영개貴永介라고 했고, 조선에서는 귀영가貴永哥라고 했다. 누르하치의 사후 황위를 홍타이지(皇太極, 숭덕제崇德帝)에게 양보했다.

사패록四貝勒 홍타이지가 유정의 군대를
와르카시(왈가시) 숲에서 격파하는 장면.

후금 군과 명나라 부총병 강응건의 접전 장면.

⦿ 《만주실록》삽화 중 와르카시 전투를 묘사한 부분

제히 돌진했다. 기세가 마치 풍우와 같아, 총포를 한 차례 발사한 후 다시 장전하기도 전에 적의 기병이 이미 진영으로 돌입해 들어왔다.

나는 당시 중영에 있었는데 원수에게 병력을 합쳐서 힘써 싸우자고 요청했지만 순식간에 좌영과 우영이 모두 전복되었다. 선천군수 김응하, 운산군수 이계종, 영유현령 이유길, 우영 천총千摠 김요경金堯卿 · 오직吳稷, 좌영 천총 김좌룡金佐龍이

⊙ 귀영가로 불린 대패륵
다이산 초상화

모두 적에게 죽임을 당했다. 좌영 천총 신충업申忠業은 빠져나와 달아났다〔중영에서 두 진영까지의 거리는 불과 1000걸음이었는데 창졸간이라 도와주러 갈 틈이 없었고, 단지 석양 아래 비처럼 쏟아진 화살들과 적의 철마가 진퇴하는 광경이 어지러워 형언할 수 없을 뿐이었다. 나중에 들으니 좌영장 김응하金應河가 시종 힘을 다해 싸웠으나 죽고 말았다고 한다. 그 후에 좌영장 김응하가 처음부터 끝까지 힘을 다해 싸우다 죽은 것을 들어서 알게 되었으므로 원수가 후일 조정에 보고했다〕.

우영장 순천군수 이일원이 진에서 몸을 빼 중영으로 들어왔다〔원수는 즉시 진의 남쪽을 파수하게 하고, 그로 하여금 공을 세워 속죄하게 했다〕. 적의 기병이

치달려 와 중영을 포위하여 산과 들을 뒤덮었는데, 무려 수삼 만이나 되었다. 나는 즉시 원수에게 "일이 급박합니다. 진을 순시하며 독려코자 하니 청컨대 영기令旗 하나를 주십시오"라고 아뢰자, 원수가 즉시 군뢰軍牢[45] 한 명에게 영기를 들려 보냈다. 그리고 나에게는 "일이 이미 이 지경이 되었으니 군령軍令을 발동하여 군심을 놀라게 하지 마라"라고 했다. 나는 "저도 역시 알고 있습니다" 하고는 여러 장수들과 함께 진을 순행하면서 재차 사졸들을 격려하며 죽음을 각오하고 싸우면 살아날 길을 얻을 것이라는 뜻으로 효유했지만, 백에 하나도 응하는 자가 없었다.

중영에서 두 진영까지의 거리는 불과 1000걸음이었는데, 유린되는 모습을 목도하고는 모두 혼백이 달아나, 심지어 무기를 버리고 앉아서 미동조차 하지 않는 자도 있었다〔고립된 언덕은 몹시 좁아 인마가 다닥다닥 붙어 있어 장수들은 모두 도보로 진을 순시했다. 부원수가 말을 타고 순시하려 하자 원수의 군관 유계남柳季男이 원수에게 알리길 "부원수가 말을 타고 달아나려고 한다"라고 했다. 원수는 유계남으로 하여금 부원수가 탈 말의 고삐를 잡게 했고, 그에게 좋지 않은 말로 바꿔 타고서 순시하게 했다고 한다〕.

며칠이나 굶은 군졸들은 초조함이 극에 달했는데, 도망가려 해도 퇴로가 끊겼고 싸우려고 해도 사기가 무너져 어찌할 수가 없었다. 두 원수와 여러 장수들은 화약 상자를 가져다 앞에 두고 분사하려 했고, 나는 적을 죽이고 나서 죽고자 별장 신홍수 등과 함께 적을 사살하기로 약속하고 진의 동편〔적이 가장 먼저 돌격한 곳이다〕에 섰다.

때마침 군졸 하나가 두 진영에서 몸을 빼내와서 "적의 기병이 먼저 진 앞

---

45 조선시대 군부대에서 죄인을 잡아 처리하던 특수 병종兵種. 오늘날의 헌병과 유사하다.

⊙ 앞서 가던 명나라 군대가 전멸한 와르카시 전적지 들판(좌)과 현재의 와자구촌洼子溝村(우)

에 도착해서 계속 통역관을 불렀지만 진영에 역관이 없어 답을 하지 못했습니다"라고 했다. 두 원수는 즉시 역관 황연해黃連海를 불러 응답하러 가게 했다. 오랑캐가 즉시 와서 물었다. "우리와 중국인은 원한이 있기 때문에 전쟁을 한다. 너희 나라와는 본래 원한이 없는데 어째서 우리를 공격하는가?" 통역관이 대답했다. "양국은 이전부터 원한이 없었다. 지금 이렇게 들어온 것은 부득이한 일이었다. 너희 나라가 어찌 그것을 알지 못하는가!"

오랑캐 장수가 번호 한 명을 우리 진 앞으로 보내 "너희 나라의 뜻은 우리나라 또한 알고 있다" 하고는 마침내 화해하자는 내용을 주고받았다. 오랑캐 장수가 우리 장수를 만나 일을 논의하자고 요청하자, 즉시 군관 박종명朴從命을 중군中軍으로 칭하여 화의하러 내보냈다. 오랑캐 장수는 대장을 만나 논의하자고 다시 요청했다. 두 원수는 서로 의논하여, 일이 이 지경에 이르렀으니 한번 죽으면 그만이겠지만, 만일 한 차례 화해하여 퇴각한다면 3000~4000명 군졸의 생명을 살릴 수 있을 것이며, 목전의 변방 방어 문제도 조금은 해소될 것이라고 여기고, 부원수가 갑주와 검을 갖추고 기병 둘을 데리고 나갔다.

나는 당시 진의 동쪽 구석에 있었는데 뒤늦게 화의한다는 말을 듣고는 두 원수를 만나러 가고자 했는데, 서로 간의 거리가 100걸음밖에 되지 않았지만 인마가 빽빽하게 들어차 있어 지척인데도 연결이 되지 않아 도달하기가 너무 어려웠다. 마침 부원수가 나가는 것을 보고는, "대사大事를 이렇게 대충 처리할 수 있습니까!"라고 하자, 부원수가 "병법에는 '기발한 계책(奇道)'이 있으니 종사관이 어찌 알겠는가!"라고 했다. 나는 너무 비분강개하여 큰 소리로 "공께서는 마음대로 하십시오"라고 하고 즉시 절벽에서 투신하려고 했지만, 둘째 조카와 노복이 좌우에서 감싸 안았고, 차고 있던 도검도 빼앗겨 버려 실행하지 못했다〔원수가 군관을 보내 효유하길 "적의 답변을 보고 나서 죽어도 늦지 않으니 미리 결행하지 마라"라고 했는데, 군관이 전하지 않아 노성의 수용소(柵中)에 도착한 후에야 원수의 말을 비로소 들을 수 있었다〕.

부원수가 가서 오랑캐 장수 귀영가와 말을 탄 채 만나, "우리나라와 너희 나라는 전부터 원한이 없었다. 지금 출병한 것은 부득이해서였다. 만일 병력을 풀고 물러난다면 양국에 무궁한 이익이 될 것이다. 그렇지 않다면 우리 군도 목숨을 걸고 전투를 벌일 것이다. 아마도 그대가 우리나라의 사정을 모를 것이라 생각해 내가 만나러 왔다"라고 했다. 오랑캐 장수가 "양국은 원한이 없으니 마땅히 각기 병력을 풀자"라며 하늘을 가리켜 맹세하고는 다시 원수를 만나겠다고 요청했다. 그러나 부원수는 "날이 저물어 만날 수 없다"라고 답했다〔당시 오랑캐 장수는 부원수에게 동숙同宿할 것을 요청했다〕.

이때 화의에 대한 이야기가 진중에 전해지자 군졸들이 몹시 좋아해 대오가 회복되지 않았다. 마침 절강 병사 일고여덟이 우리 진 앞에 이르자 군졸들이 분분히 소란을 떨며 쫓아냈는데 막을 수가 없었다. 원수는 즉시 교 유격에게 그 집 종들까지 모두 우리나라의 의복과 전립氈笠을 쓰라고 했는데, 교 유격은 "화의가 만일 이루어진다면 나는 귀국에 함께 가고자 한다"라고 했다. 〔나중에 들으니, 화의할 당시 중영장 문희성은 손에 화살을 맞아 상처 입은 것이 낫지 않은 상태였다. 동편 오른쪽 벽 안쪽에 누워 앓던 그는 황연해와 박종명이 왕복하는 것을 보았지만 그들이 문답하는 내용은 자세히 알지 못하다가 부원수가 기병 둘을 데리고 나가는 것을 보고는 마음속으로 크게 놀라 세 차례나 부원수를 부르며, "어찌 이 행차를 하십니까?"라고 부르짖었지만, 부원수는 답하지 않고 떠났다고 한다.〕

○ 야간이라 사면에서 포위하고 있는 적의 기병이 몇 겹이나 되는지 알지 못했다. 순라 도는 소리가 밤새도록 그치지 않았다. 진중에서는 포위를 무너뜨리고 도망가자고 논의했지만, 굶주리고 지친 사졸 중에 한 명도 응하는 자가 없었다.

1619년 3월 5일

오랑캐 장수가 원수를 만나자고 하는 요청이 끊이지 않았다. 통사가 오랑캐 진영에 다녀와 "적장이 부원수를 대우하는 것이 매우 공경스러우니, 강화하는 일에 의심할 것이 없습니다"라고 말했다. 원수가 군관 둘을 데리고 만나러 갔는데, 오랑캐 장수가 자리에서 내려와 서서 기다리고 있다가 읍한 후에 자리로 돌아갔다. 그리고 한결같이 어제 했던 말을 주고받았다. 귀영가는 다시 하늘을 가리키며 맹세했다.

한 장수가 "만주滿住[46]께서 노성에 있으니 뵙지 않을 수 없다. 돌아가는 길은 만포滿浦 길이 편리할 것이다"라고 했다. 〔나중에 들으니 그의 이름은 사홀[47]이며, 오랑캐 장수들 중에서 가장 수완이 좋은 자라고 한다.〕 원수가 재삼 변론하며 힐문했지만 끝내 따라주지 않았고, 즉시 철기로 둘러싸고 출발했다.

나는 이때 자살하려고 했지만 수하에게 붙들려 결행할 수가 없었다. 그리고 적장이 두 원수를 대우함이 자못 공경하여 결코 핍박하거나 욕보이는 일이 없었고, 심지어 하늘을 가리켜 맹세했다는 것을 듣고는 혹시 화약和約이 이루어져 송환될 수도 있겠고, 만일 끝내 협박하거나 욕됨을 당하면 그때 죽어도 늦지 않을 것이라 생각하여, 결국 은인자중하며 따라갔다.

○ 교 유격이 우리 군관들에게 말했다. "귀국의 군대가 적에게 핍박을 받는 것이 이와 같으니, 내가 비록 함께 간다고 해도 필시 죽임을 면치는 못할 것이다"라고 하면서, 편지 한 통을 아들에게 전해달라 하고는 바로 절벽에서 투신했다. 〔그 편지에는 "문신과 무장이 모두 사직을 우습게 알고 하나같이 사욕을 좇고 비루함을 탐해 속국으로 하여금 군대를 잃게 만들었다. 만 가지 계책 중에 더 해볼 것이 없고, 고립된 절벽에서 포위돼 식량은 끊기고 물은 고갈되어 그 인마가 조석 간에도 보존될 수 없으니, 내가 차마 볼 수 없다. 그러나 또한 조선 군대

---

46 여진족의 누르하치에 대한 존칭. 중국에서는 '滿珠' 또는 '滿洲'로도 표기한다.《만주원류고滿洲源流考》에 따르면, 후금 건국 초기에 티베트 승려들은 매년 단서丹書를 올릴 때 후금 황제를 '만주사리대황제曼珠師利大皇帝'라고 칭했다. 이는 '만수실리曼殊室利', 즉 문수사리文殊舍利(석가모니의 왼쪽에 있는 보살)에서 유래한 것으로 보인다. 이런 연유로 청 태종은 여진족을 '만주족滿洲族'으로 개칭했다. 15세기 건주여진의 추장이었던 이만주李滿住(?~1467)의 이름도 참고할 필요가 있다.

47 누르하치의 참모장급 장수. 정충신의〈건주문견록〉에는 '대사大舍'라고 했으며, 누르하치의 직속부대인 양황기鑲黃旗의 참모장이었다.

를 감독하는 일을 위임받았으니 감히 도망갈 수가 없다. 삼가 3월 4일에 서쪽을 향하여 황제의 은혜에 머리를 조아리고 사은한 후에 가합령에서 스스로 목숨을 끊는다. 아들아, 너는 이를 전달하여 서로 알게 하고, 아울러 직접 이 뜻을 황제(聖明)께 아뢰도록 하라. 집 식구들 중에서 북경에 있는 사람은 적성赤城[48] 설도존薛道尊의 도움을 받아 각기 고향으로 돌아가도록 하라. 네가 지난번에 남쪽에서 온 집안 종들을 재촉하여 데리고 갔는데, 지금 이러한 변고를 당하고 보니 내가 안심이 된다. 만약 다시 온다고 하더라도 관외關外[49]로 나올 필요는 없다. 아버지가 써서 아들 환桓에게 줌. 서명." ○ 지금 들으니 진중에서 교 유격을 적에게 넘기자고 말한 자들이 있다고 하니, 말의 망극함이 이 지경에 이르렀단 말인가! 그 편지는 우리들이 잘 숨겨서 가지고 왔다.]

겨우 4~5리쯤 가서 절강 군사 수천 명이 산 위에 모여 있는 것을 보았다. 대개 전날 패배한 군사들이다. 오랑캐 기병 수백 기가 말을 달려 돌격하여 올라가니 절강 군사들은 무너졌고, 순식간에 남김없이 참살되었다. 그 광경을 눈앞에서 보니, 참담함을 말로 다할 수 없었다. 지나가는 길에 주검이 마치 삼대(麻)와 같이 쓰러져 수십 리에 끊이지 않았는데, 이는 곧 명나라 군대가 전멸한 곳이다.

행군하여 왈가시日可時[50]에 도착했다(왈가시는 부차에서 20리 떨어져 있다). 오랑캐 장수가 말하기를, 이곳은 도성에서 매우 멀기 때문에 유숙하고 가지 않을 수 없다고 했다. 부득이 하룻밤을 지새웠다.

○ 하서국이 노성에서 와서 다음과 같이 말했다. 당초 노성에 도착했을 때 자기는 감옥에 갇혔고, 김언춘은 포박되어 누르하치가 머무는 곳으로 보내졌다. 서로군의 대군이 이미 모두 패배하고(중로군中路軍[51]은 청하淸河에

---

48 북경 북쪽 하북성 백하白河 유역에 있던 현성縣城. 명나라 때는 위소衛所와 보堡를 두었으나, 청나라 때 현縣을 두었다.
49 관외는 산해관 밖, 즉 요동 지역을 말한다.
50 와르카시(瓦尔喀什, Waerkashi)의 조선식 표기로, 중국 요령성 환인현 화래진華來鎭 서북쪽 산속에 있는 작은 마을이다. 오랫동안 와자구洼子泃라 했으나, 최근에 본래의 와르카시로 개칭했다. 여기서 명나라 유정의 동로군이 전멸했다. 조선군이 패전한 부차에서 10킬로미터쯤 북쪽에 있다.
51 남로군南路軍이라고도 한다. 1619년 2월 후금을 토벌하기 위한 명나라 군대에서 요양-청하(현재의 본계시本

서부터 진군했는데 적을 보지도 않고 후퇴했다고 한다), 일이 어찌해볼 수도 없어서 마침내 제독의 격문을 전하고 둘러대기를 "우리나라와 당신들은 전부터 원한이 없었으니, 이번에 출병한 것은 본시 우리나라의 뜻이 아니다. 약간의 군졸이 마땅히 명나라 군대의 뒤에 있을 것이다"라고 했다(동로군이 패배한 뒤에야 비로소 하서국을 돌려보냈다고 한다).

溪市)-허투알라 방면으로 진공하던 부대로, 요양총병 이여백이 지휘했으나, 서로군이 사르후에서 전멸하자 경략 양호가 회군을 지시했다.

5. 조선군 포로의 압송과 학살

1619년 3월 6~23일

1619년 3월 4일 부차에서 패전한 조선의 잔병들은 다음 날 포로로 잡혀 후금의 수도로 출발했고, 3월 6일에 노성(허투알라) 밖 10리쯤 떨어진 곳에 도착했다. 누르하치는 당일 즉시 도원수 강홍립과 부원수 김경서를 불러들였다. 후금의 궁정에서 일종의 항복식이 열렸는데, 두 원수는 절하지 않고 읍만 했다가 누르하치의 분노를 샀다. 그러나 두 원수는 그 후에도 여러 차례 누르하치에게 절도, 읍도 하지 않고 자리에 앉았다.

다음 날 오랑캐 기병 수천 명이 성 바깥에서 아군을 둘러싸고 모두 죽이려 하다가 그쳤다. 누르하치가 조선 장수와 군졸을 모두 죽이라고 명령했으나, 그 아들 귀영가가 말려서 중지된 것이다. 이후 두 원수와 이민환 등 장수 여덟 명과 하인들은 도성 안에 수용소를 마련하여 거처하게 하고, 나머지 병졸들은 성 밖 민가에 분산 수용했다. 조선 장수들의 수용소에는 매일 양식과 땔감이 공급되었다. 누르하치는 6진 지역의 번호와 군졸들을 시켜 밤낮으로 수용소를 지키게 했다.

누르하치는 3월 9일 조선 장수들을 조금 넓은 집으로 옮겨주고, 술과 음식을 보내기도 하고 기생을 보내기도 하면서 회유했다. 그러나 이때부터 조선으로 돌려보내겠다는 말은 없어졌다. 3월 21일 누르하치는 번호인 소농이를 조선에 차사로 보내 국서를 전했다. 그 내용은 명나라에 대한 '7대 원한'을 제시하고, 조선과 후금이 동맹을 맺어 함께 명나라에 대항한다면 조선군 포로를 돌려보내겠다는 것이었다. 이에 대해 조선은 오랫동안 사신도 보내지 않고 회신도 하지 않았다.

3월 23일에는 조선의 병졸들 중에서 양반 출신만 추려내어 400~500명을 죽였다. 조선군 포로 중에서 주인을 죽이고 도망치거나 여인을 강간하는 일이 있었기 때문이다. 당초에 누르하치는 모두 죽이려고 했으나, 귀영가 등이 말려 양반만 죽인 것이다. 끔찍한 일이었다. 이렇게 조선군 포로는 하루 앞을 내다볼 수 없는 처지에 있었다.

1619년 3월 6일

가합령을 넘었다. 한낮에 노성 바깥 10리쯤 떨어진 곳에 도착하여 머물렀다〔왈가시에서 이곳까지는 40여 리〕.

누르하치가 도원수 강홍립과 부원수 김경서를 불렀다. 내가 두 원수와 여러 장수들에게 말했다.

"오늘 누르하치를 만나는데, 이는 곧 우리 평생의 일을 심판하는 날이 될 것입니다. 읍을 하지 않을 수는 없겠지만, 만일 조금이라도 두려워하는 모습을 보인다면 족히 치욕을 받을 것입니다."

도원수와 부원수가 장수 5~6명과 더불어 군관과 통사 10여 명을 데리고 갔다. 누르하치는 활에 화살을 메겨 들고 평상에 앉아 있었다. 갑옷 입은 병사 수천 명이 마당 좌우에 배열해 있었다. 두 원수가 계단을 올라 읍했다.〔여러 장수들은 밖에 구류되어 있었다.〕 누르하치가 진노하자, 두 원수가 말하기를 "이는 우리나라의 예를 행한 것으로서 이렇게 하지 않을 수 없소"라고 했다.

중국어를 잘하는 자가 하나(누르하치가 가까이 두고 신임하는 자로서 그의 이름은 대해大海[52]라고 했다) 있었다. 그가 두 원수에게 말하기를, "만일 우리가 너희를 군신의 예로써 책망하려 했다면 의자를 놓고 너희를 앉혔겠는가? 너희 나라의 관리가 양楊 도야都爺[53]를 보고는 역시 두 번 절했는데, 어찌 읍하는 것을 '우리나라의 예'라고 하는가?"라고 했다.

〔그 뒤 두 원수는 여러 차례 누르하치를 만났는데, 절도 읍도 하지 않고 곧바로 들어가 자리에 앉아도 누르하치는 괴이하게 여기지 않았다. 그날 노한 것은 후금에 투항한 중국인(漢人)들이 누르하치의 분노를 부추겼기 때문이라고 한다.〕

단의 동쪽에 휴대용 의자 두 개를 놓고 그 위에 붉은 털 깔개를 놓았다. 그리고 두 원수에게 앉기를 청했다. 누르하치가 먼저 마시고 몇 차례 술잔이 오간 뒤 자리가 끝났고, 두 원수는 나와서 어느 집에 묵었다. 이때 나와 여러 장수 그리고 군관 수십 명은 성 밖에 머물러 있었는데, 오랑캐 기병이 사방에서 둘러싸고 지켰다.

〔두 원수가 숙소를 나온 뒤 통사를 보냈으므로 우리는 그날의 문답 곡절을 상세하게 들었다.〕

1619년 3월 7일

오랑캐 기병 수천 명이 성 바깥에서 아군을 둘러싸고 압박했다. 활시위에 화살을 메기고 칼을 뽑아 장차 모두 죽이려는 듯하더니 점차 포위를 풀

---

52 달해達海(Dahai, 1595~1632)를 가리킨다. 교르차씨(覺爾察氏)로서 정람기正藍旗에 속했다. 만주 문자를 개량하는 업적을 남겼으며, 청 태종으로부터 박사(巴克什) 칭호를 받았다.
53 당시의 요동 경략 양호를 일컫는다.

고 떠나갔다.

〔그 뒤에 들은즉, 누르하치가 두 원수가 읍만을 한 것에 분노하여 조선군 장수와 군졸을 모두 죽이라고 명령했으나, 아들 귀영가가 "진중에서 강화할 때 하늘에 대고 맹세했으니, 조선군을 살해한다면 하늘을 속일 수 없다"라고 하여 그 명령을 거두었다고 한다.〕

대해가 와서 두 원수에게 "귀국의 장수는 몇 명인가?" 하고 물었다. 원수가 답하기를, "우리 둘 외에 하급 장수 여덟이 있을 뿐이오"라고 했다〔이때 장수와 군관 무리는 무려 수십 명이었으나, 만일 그들을 모두 말했다가는 곤란한 일이 생길까 두려워 단지 여덟이라고 했다 한다〕. 이에 통사로 하여금 성 밖으로 나가게 하여 장수들과 그들의 군관, 종 들을 성안으로 들어오게 했다. 모인 자가 90여 명이었다. 〔오랑캐들이 날마다 좁쌀과 땔감을 지급했다.〕

○ 저녁을 먹은 후에 동佟씨 성을 가진 중국인 형제가 와서 접대했다〔이들은 두 원수가 머무는 집의 주인으로, 지난해 요동에서 오랑캐에게 투항한 자들이다〕. 그러나 원수는 그들과는 말을 섞지 않고, 대해에게 말하기를, "이곳은 머무르기에 번잡하고 소란하니, 어디 빈 집에서 조용히 있고 싶다"라고 했다. 대해가 답하지 않고 갔다.

1619년 3월 8일

누르하치가 처자식들과 더불어 활터로 나가 두 원수를 억지로 초청하여 별도의 천막에 머물게 했는데, 대해가 와서 접대했다. 그때 어느 중국 사람이 대해에게 귓속말을 하여 비록 자세히 듣지는 못했지만, 기색을 보건대 핍박당할 일이 닥칠 것 같았다. 원수가 중국말로 대해에게 "당신의 칼은 날카로운가?" 하고 물었다. 대해가 "어째서 그런 질문을 하는가?" 하고 되물었다. 원수가 말하기를, "우리는 글을 읽은 사람이다. 이치에 맞지 않는 일로 굴욕을 당할 수는 없다. 오늘 나를 죽일 때 당신의 날카로운 칼로 빨리 베어준다면 다행이겠다"라고 했다. 대해가 얼굴색이 변하며 "어찌 그럴 리가 있겠는가!" 하고는 곧 인사를 하고 떠났다.

이때 한 중국 사람이 보러 왔다〔뒷날 들으니 그가 바로 이영방李永芳[54]이었다〕. 그가 젓가락으로 땅에 글자를 써서 말하기를 "당신은 나처럼 불효 불충한 사람은 반드시 추하게 볼 것이다"라고 했다. 그러고는 원수가 미처 답하기도 전에 일어나서 가버렸다. 〔어떤 사람이 이영방에게 말하기를 "오랑캐 사람들이 모두 당신이 조선 장수와 필담筆談을 하니 무슨 일인가 합니다"라고 하자, 이영방이 두려워하고는 일어나 가버렸다.〕

잠시 뒤 귀영가가 와서 접대하면서 "우리는 조선군을 살해할 생각이 조금도 없으니 의심치 말기 바란다"라고 했다. 이에 술자리를 가진 후 헤어졌다. 귀영가가 왔을 때 어느 오랑캐 장수가 원수에게 "앞으로는 반드시 좋아질 것이다"라고 말했다. 뒤에 들으니 그날 누르하치가 자기 딸들을 두 원수에게 시집보내려고 했으나, 대해가 전한 말을 듣고 귀영가가 만류하여 그만두었다고 한다.

〔나는 숙소에 머물고 있었는데, 오랑캐가 두 원수에게 굴욕을 주려 한다는 말을 듣고 즉시 편지를 써서 밀랍으로 칠해 종(奴)의 솜옷 속에 숨겨 보내며 사정을 봐서 도망치라고 했다. 만일 굴욕을 당하게 된다면 곧 스스로 칼로 목을 찔러 자살하려고 했다.

73

---

54 ?~1634. 요령성 철령 사람으로, 1618년 무순소撫順所 유격으로 있을 때 누르하치의 습격을 받아 항복했다. 후에 누르하치의 손서孫壻가 되어 후금 조정에 중용되었다.

날이 저물고 두 원수가 돌아왔는데, 굴욕적인 일은 없었다고 했다.〕

○ 누르하치가 번호 인필仁必, 알도遏道, 사물개(舍末介) 등으로 하여금 밤낮으로 우리의 숙소를 지키게 했고, 밤에는 군졸 10여 명이 돌아가며 지키도록 했다.

〔인필은 온성의 번호로, 능히 삼년상을 행했고, 또한 우리나라에 공적이 있어서 직첩을 받은 자다. 그런 까닭에 우리나라를 연모하는 정성이 오래되어도 아직 식지 않아 모든 오랑캐의 사정을 사실대로 몰래 말해 주었다. ○ 동로군이 아직 패하기 전 어느 날 소농이小農耳[55]가 함경도로부터 녹봉을 받아와서 누르하치에게 "회령부사가 이르기를 '우리나라는 명나라의 압박을 받아 부득이하게 군사를 일으켜 보냈지만, 마땅히 명나라 군대의 뒤에 있을 것'이라 했습니다"라고 말했다고 한다.〕

1619년 3월 9일

대해가 누르하치의 문서를 가지고 와서 보였다.

〔그 글에서 말하기를 "칸(汗)이 이른다. 조선국 장수들은 모두 알고 있으라. 너희 국왕은 너희를 찾는가? 그렇지 않으면 너희를 버렸는가? 너희 나라는 다시 명나라를 도울 것인가? 너희는 머물기를 원하는가, 아니면 빨리 돌아가고 싶은가?"라고 했다.〕

원수가 바로 글을 써서 답하기를, "이번 출병은 부득이한 것이었다. 어찌 다시 명나라를 도울 까닭이 있겠는가. 우리나라가 허다한 장수들과 군사들을 어찌 끝내 버리겠는가. 돌아가고 싶은 마음이야 인지상정인데, 꼭 그것을 물어야 하는가?"라고 했다.

○ 저녁 무렵 빈집으로 거처를 옮겼다. 〔이때부터 돌려보낸다는 말이 갑자기

함경도 6진 지역의 번호 출신 여진족으로 누르하치에게 귀부한 인물. 소롱귀小弄貴로 표기하기도 한다. 우리말에 능하여 통역을 하기도 하고, 1619년 심하 전투 이후에는 여러 번 조선에 차사差使로 오기도 했다.

없어졌다. 우리나라에 서신을 보내 그 회답을 기다렸다가 내보내겠다는 말이 나오기 시작했다.〕

1619년 3월 10일

누르하치가 우리 군사들을 활터에 모아 놓고 손바닥의 거칠고 부드러움을 보고 양반과 상인常人을 구분하게 했다〔대저 번호 등이 우리나라에는 양반과 상인의 차이가 있다고 일러주었다〕. 도성 안팎에 나누어 두고는 집주인(主胡)으로 하여금 음식을 제공하게 했다. 이에 사람을 시켜 돌아다니면서 큰 소리로 유시하기를 "마땅히 너희 나라에 서신을 보내 그 회보回報를 기다린 뒤에 의당 돌아가는 것을 허락할 것이니, 너희는 의심하지 마라"라고 했다.

1619년 3월 11일

누르하치가 술과 음식을 보내왔다. 사람을 시켜 말하기를, "내가 들건대 조선 관원은 반드시 기생을 가까이 한다고 하니〔대개 번호가 일러준 말이다〕, 지금 홀로 둘 수 없어 유녀(養漢的)[56]를 보내겠는데, 이는 혼인에 견줄 바가 아니니 바라건대 꺼리지 마라"라고 했다. 원수가 말하기를, "우리는 전장에서 마땅히 죽었을 목숨인데, 다만 두 나라가 강화하는 일 때문에 이곳에 이르렀다. 어찌 여색을 가까이할 리가 있겠는가"라고 했다.

1619년 3월 13일

들으니, 오랑캐 쪽에서 바야흐로 조선에 보내는 문서(通書)의 초안을 잡

---

56 정부情夫를 두는 여자로 유녀遊女 또는 기생을 말함. '양한養漢'이라고도 한다.

고 도장을 새로 주조했다고 한다.

1619년 3월 15일

언가리彦加里[57]와 대해 등이 그 문서를 가지고 와서 보여 주었다.

〔그 대략은 "후금 국왕이 조선 왕에게 삼가 7대 원한을 통지한다. 귀국의 장수 열 명을 이곳으로 사로잡아 왔는데, 국왕의 정을 살펴서 그들을 잡아두고 있으니, 그들의 운명은 전적으로 국왕의 결정에 달렸다"라고 했다.〕

1619년 3월 21일

누르하치가 전날 보여 준 문서를 가지고 차호差湖 소농이로 하여금 우리 나라에 가도록 했고, 또한 종사관 정응정鄭應井과 군관 허의許依, 장수 김득진金得振과 이장배李長培, 통사 하서국 등을 내보냈다. 〔두 원수가 장계를 올려 행군과 패배의 시말과 풀어 주기를 약속받았다가 포로가 된 사유를 간략하게 해명했다. 아울러 좌영장 김응하가 시종 힘껏 싸워 전사하게 된 사정을 빠짐없이 진술하여 정응정 등이 가는 편에 보냈다. 그러나 도중에 문서를 수색당하는 일이 있을까 두려워 장계를 잘라 노끈으로 꼬아서 말안장에 매어 보냈다.〕

1619년 3월 23일

성 밖에서 머무르던 양반 무리가 전장에서 벤 오랑캐의 수급 셋을 보관하다가 오랑캐에게 빼앗겼다. 또한 몇몇이 한집에 함께 머물면서 밤을 틈타 그 주인 여자를 죽이고 도망친 일이 있었다. 또한 오랑캐 여인을 강간

---

57 양고리揚古利(Yangguri, 1572~1637)를 가리킨다. 서목로씨舒穆嚕氏로 누르하치의 사위가 된다. 일찍부터 누르하치를 따라 무공을 세웠다. 병자호란에 참전했다가 용인 전투에서 전사했다.

하고 현장에서 발각된 자도 있었다. 누르하치가 양반 무리를 모두 죽이라고 명령했다.

〔누르하치는 성 안팎에 잡아 둔 장수와 사졸을 모두 죽이려 했으나, 귀영가가 힘껏 불가함을 주장했다. 그런 까닭에 단지 성 밖의 양반 무리만 죽였는데, 그 수가 400~500명이나 되었다. 귀영가가 이것을 심히 한스럽게 생각하여 탄식하기를, "당초에 전장에서 바로 돌려보내지 못한 것이 깊이 후회된다"라고 했다 한다.〕

누르하치가 대해로 하여금 우리가 머무는 곳으로 와서 백방으로 으르고 꾀려 했다. 그러고 나서 문서 하나를 보여주었다.

〔그 문서에는 "칸이 이른다. 조선국 장수는 모두 알라. 너희 나라 장수와 사졸이 악행을 저지르니 죽이지 않을 수 없었다. 이전에 무순의 수비장 이영방이 항복한 뒤에는 부마로 삼았다. 너희가 만일 항복한다면, 그 대접이 어찌 이영방보다 못하겠는가!"라고 쓰여 있었다.〕

우리가 답하기를, "우리는 화친을 약속하여 무기를 버리고 이곳에 왔는데, 오히려 억류되어 돌아가지 못하니, 이것이 어찌 하늘을 가리켜 맹세한 뜻인가? 또 우리나라 장수와 사졸 가운데 한둘이 비록 범죄를 저지르기는 했으나, 이제 모두를 살해한 것은 무슨 까닭인가? 우리는 마땅히 죽을 사람이니 행여 이영방의 일을 가지고 말하지 마라"라고 했다. 그러자 대해가 낯빛이 변하여 돌아갔다.

6. 허투알라에서의 수용소 생활과 외교 교섭

1619년 3월 28일~8월 4일

1619년 3월부터 시작된 조선군 포로의 허투알라 수용소 생활은 8월 초까지 이어졌다. 그 불안한 처지에 있으면서도 일행 중 몇 사람은 재주껏 오랑캐 민가를 다니며 간통을 일삼기도 했고, 도망을 가기도 했다.

3월에 누르하치가 조선에 보낸 차사에게서는 오랫동안 소식이 없었다. 그러자 누르하치는 또 만포에 사람을 보내 탐문하게 했다. 4월 초에 누르하치는 노성에서 120리가량 떨어진 무순 부근의 자편에 성을 쌓고 본격적으로 서방 진출 계획을 짜고 있었다. 5월이 되어서야 조선에서 만포첨사 정충신이 차관으로 온다는 소식이 전해졌다.

그러나 그달 말에 차관으로 온 사람은 평안도관찰사의 말단 군관인 양간梁諫이었다. 그는 조선 국왕의 국서 대신 평안도관찰사의 서신을 가지고 왔고, 변변한 예물도 들고 오지 않았다. 서신의 내용도 후금이 기대한 것과는 거리가 멀었다. 그 내용은 대개 '조선과 명나라는 부자 관계와 같아서 관계를 끊을 수 없으니, 후금과 조선이 함께 명나라를 잘 섬겨서 평화를 유지하자'는 것이었다. 양간은 서신의 내용에 관한 후금 관리들의 힐문에 제대로 응답하지도 못했다. 후금에서는 조선이 화친할 뜻이 없으므로 포로를 다 죽이자고 했으나, 강홍립이 중간에서 임기응변으로 잘 무마하여 위기를 넘겼다. 7월 1일 조선으로 돌아가는 차관 양간 편에 강홍립 등은 국왕에게 올리는 장계를 작성해 비밀리에 보냈고, 이민환도 형들에게 편지를 보냈다.

그해 6월에 누르하치는 개원을 공략했고, 7월에는 철령을 함락했다. 이때 도륙되고 포로로 잡힌 명나라 사람은 그 수를 헤아릴 수 없을 만큼 많았다. 누르하치는 이때부터 수도를 자편성으로 옮겼고, 조선군 포로도 그곳으로 이감하고자 했다. 당시 조선군 지휘관들은 많은 부하와 종을 데리고 있었는데, 연이어 도망가는 이들이 있었다. 그러자 7월 15일 후금은 장수 한 사람당 군관 한 명, 종 한 명만을 남겨두고 나머지 50여 명을 끌어내 처형하고 말았다. 이민환의 군관과 종도 이때 함께 죽었다.

누르하치는 7월 1일 조선에 차사를 보낸 후 8월까지 아무 소식이 없자 또 만포에 사람을 보내 동정을 살피게 했다. 그러나 조선 정부는 명나라와 후금 사이에서 눈치를 보며 전전긍긍하느라 대응을 하지 못하고 있었다.

1619년 3월 28일

통사 김만춘金萬春이 외부를 거리낌 없이 돌아다니면서 제멋대로 간음을 일삼았다. 여러 차례 주의를 주었으나 조금도 뉘우치고 고치는 것 없이 오히려 패악한 말을 내뱉으니, 장차 예측 못할 화가 일어날 것이기에 부득이 장杖을 쳐서 죽였다.

○ 별장 황덕창이 오랑캐의 집을 들락거리는데, 들리는 소문이 매우 놀라워 일행 가운데 배척하지 않는 사람이 없었다.

1619년 4월 3일

누르하치가 자편者片에 가서 성을 쌓았다(노성에서 120리가량 떨어져 있다. 두 강 사이에 있는데 극히 험준하다고 한다).

1619년 5월 3일

누르하치가 사람을 시켜 "국서를 보낸 지 이미 여러 날이 되었으나 아직 회신이 없으니 어찌 된 일인가?" 하고 물었다. 두 원수가 대답하기를, "먼 곳을 오가는 것은 본디 지체되는 것이니, 지금 사람을 보내 다시금 그간 곡절을 조정에 알리고 또한 통사로 하여금 만포에 가서 알아보게 하고 싶다"라고 했다.

1619년 5월 6일

안여눌과 최득종崔得宗을 뽑아 내보냈다. 통사 김언춘은 만포에 갔다가 돌아오도록 했다.

1619년 5월 11일

김언춘이 만포에서 돌아왔다.

〔그가 와서 전하기를, 차관 정충신이 머지않아 들어올 것이며, 국서에 대해서는 감사[58]가 답할 것이라고 했다. 들으니, 감사가 임의로 장수들의 가족을 잡아 가두었는데, 국왕이 "이는 투항에 견줄 바가 아니니 그 가족을 속히 석방하여 서울로 보내 편안하게 살도록 하라"라고 했다 한다. 일행이 감동하여 눈물 흘리지 않는 자가 없었다.〕

58 당시의 평안도관찰사 박엽을 일컫는다.

59 ?~1630. 유흥조劉興祚의 다른 이름. 실록에는 유애탑劉愛塔으로도 나온다. 요동 개원 출신으로, 1605년 건주여진 지역으로 납치되었다가, 뛰어난 자질로 누르하치의 총애를 받아 중용되었다. 정묘호란에 후금군 부장副將으로 참전해 조선 측과 휴전 교섭을 했다. 1628년에 이름을 흥조興祚로 고친 뒤 모문룡毛文龍에게 투항했다. 원숭환袁崇煥이 모문룡을 처형한 뒤에는 영평永平으로 옮겨 주둔하던 중 후금과의 전투에서 전사했다.

60 이때 조선에서 보내온 서신의 내용은 다음과 같다. "삼가 생각건대, 두 나라의 국경이 서로 접하고 황제의

1619년 5월 26일

하서국이 돌아와서 말하기를, "주상전하의 옥체는 평안하시고 조정에는 별다른 일이 없다"라고 했다. 또한 "과인이 장수들의 패망에 대해 심히 애통해 하고 있다"라는 전교가 내렸음을 전했다. 모두 감동하여 눈물 흘리지 않는 사람이 없었다.

〔이보다 먼저 오랑캐 진영에서 서로 전하기를, 우리나라가 예물을 많이 보내어 수레에 싣고 온다고 했다. 오랑캐들 가운데 기뻐하지 않는 자가 없었다. 성 밖 마을에 나누어 배치한 조선 군졸들을 성안에 모아 장차 차관이 돌아가는 편에 딸려 보내려 했고, 차관을 영접하기 위한 부대를 정연하게 갖추고 있었다. 그런데 지금 비로소 우리나라가 아무것도 보내지 않았다는 것을 알게 되자, 오랑캐 대부분이 실망하여 성안에 모았던 조선 군졸들을 다시 바깥 마을들로 돌려보내고 차관을 영접하기 위한 부대도 해산했다.〕

1619년 5월 27일

누르하치가 언가리, 대해, 유해劉海[59] 등에게 명하여, 차관을 오는 도중에 맞이하되 서신을 꺼내서 베껴 오도록 했다. 그리고 만약 그 내용이 좋으면 소를 잡아 잔치를 열어 대접하고, 좋지 않으면 단지 닭과 오리만을 대접하라 했다고 한다. 날이 저물어 유해가 비로소 돌아왔다. 사람을 시켜서 물어보니 서신에 단 한 구절도 좋은 말이 없다고 대답했다.[60]

〔차관 양간은 오랑캐가 맞이하러 나온 것을 보고 심하게 놀랐다. 대해 등이 서신의 내용 가운데 '마법馬法'[61]과 '사교다루四郊多壘'[62]의 뜻을 물으니 양간은 하나도 대답하

신하로 함께 천조를 섬긴 지 지금 200년이나 되었으나 일찍이 털끝만큼도 혐오나 원망의 뜻이 있지 않았습니다. 그런데 의외로 근일에 귀국이 천조와 틈이 생겨 전쟁이 계속되고 앙화가 맺어져 민생이 도탄에 빠지고 사방의 들녘에 보루가 많게 되었으니(四郊多壘), 어찌 다만 이웃 나라의 불행뿐이겠습니까. 귀국에도 좋은 일만은 아닐 것입니다. 천조는 우리나라에서 마치 부모와 같으니, 부모가 명령을 한다면 자식이 따르지 않을 수 있겠습니까. 이는 대의가 있는 것이라 진실로 그렇게 하지 않을 수 없지만, 이웃과 좋게 지내는 정리인들 어찌 없을 수 있겠습니까. 정응정을 우선 내보내주니 다정하게 대하는 의리를 여기에서 볼 수 있었습니다. 보내온 서신에 '내 마음에 애초부터 대국 황제를 범할 뜻이 있었다면 푸른 하늘이 어찌 감찰하지

지 못하고 다만 "배가 고프니 아침식사 후에 보자"라는 등의 말을 했다고 한다.)

1619년 5월 28일

유해가 와서, 누르하치가 "서신의 내용이 좋지 않으니 차관을 성안으로 들이지 말고 성 밖 마을에서 돌려보내라"라고 말했다 한다. 오후에 누르하치가 언가리와 대해에게 명하여 나가서 차관을 맞이해 성 밖에 와서 머물도록 했다.

1619년 5월 29일

원수가 소농이에게 말하기를, "우리나라 서신에서 어휘를 사용하는 방식이 중국과 같지 않으니, 완전하게 해석하지 못한 부분이 있을까 염려된다"라고 했다. 소농이가 그 말을 아두阿斗[63]에게 전했고(누르하치가 가까이 두고 신임하는 자다), 아두는 또 누르하치에게 전했다. 그래서 다음 날 차관을 원수의 거처로 초청하여 서신을 보여 주기로 했다고 한다.

1619년 6월 1일

아두, 언가리, 대해, 유해 등이 차관에게 원수의 거처에서 만나기를 청했다. 서신을 꺼내어 원수의 앞에 펼쳐 놓자, 아두가 "청컨대 이 서신 내용을 하나하나 해석하여 말해 주시오"라고 했다. 원수가 대해 등에게 말하기를, "이 서신에서 어떤 말이 좋지 않은가?" 하고 물었다(아두와 언가리는 단지 몽골 문자만을 알 뿐이며, 대해와 유해는 중국인으로서 약간 문자를 아는 자다).

않겠는가'라고 했는데, 이 마음으로 충분히 세업世業을 보전하고 길이 하늘의 복을 누릴 수 있으니 어찌 아름답지 않겠습니까. 앞으로 함께 대도를 걷는다면 천조의 총애하는 은전이 오래지 않아 크게 내릴 것입니다. 그리고 두 나라가 각자 자신의 국토를 지키며 서로 옛 우호를 다진다면 실로 양국의 복이니, 이 뜻을 전해주신다면 매우 다행이겠습니다."(《광해군 일기》 139권, 광해군 11년 4월 21일 갑술)

61 중국에서 군사 지휘관을 부르는 호칭. 사마양저司馬穰苴의 《사마병법司馬兵法》에서 유래했다. "方甫刑, 匡馬法." 이선李善 주注: "馬法, 司馬穰苴 之法也."《문선文選》〈앙용揚雄〉'극진미신劇秦美新') 이때 후금에 보낸 조선의 국서 피봉 수신처에는 '건주위부하 마법개탁建州衛部下馬法開拆'이라고 쓰고, 발신처에는 '조선국

아두가 "이 서신은 어째서 평안도관찰사가 썼는가?" 하고 물으니, 원수가 답하기를, "우리나라의 법규에는 예로부터 교린交隣의 외교에서는 반드시 가까운 곳의 감사로 하여금 그 일을 주관하게 한다. 가령 일본과 통호通好할 때에는 경상도감사가 그 일을 주관한다. 그러므로 지금 이 화해의 일(和事, 화해하는 사안)도 반드시 평안도감사가 주관하는 것이다"라고 했다.

아두가 다시 "우리나라의 후금이라는 국호를 어째서 쓰지 않고 단지 건주라고만 칭했는가? 이것은 우리를 이웃나라로 대우하는 것이 아니다"라고 하자, 원수가 답하기를, "우리나라가 건주라고 칭한 것은 이전부터 익숙한 일로, 그렇기 때문에 건주라고 칭한 것 같다. 아래의 '귀국貴國'이라는 두 글자를 보라. 이웃나라로 대우하지 않는다면 어찌 그렇게 썼겠는가?"라고 했다.

아두가 말하기를, "이른바 '마법'⁶⁴이란 칸(汗)을 지칭하는 것인가?" 하니, 원수가 답하기를 '마법'이란 칸의 주위 사람들을 지칭하는 것이다. 아래의 '전달해 주십시오(轉告)'라는 글자를 보면 알 수 있다"라고 했다.

아두가 "'사방 국경에 보루가 많다(四郊多壘)'⁶⁵는 말은 동서남북으로 우리나라를 포위한다는 것을 일컬음인가?"라고 물으니, 원수가 답하기를, "사교다루는 곧 고어古語로서, 단지 중국이 사방을 지키는 일을 말하는 것으로, 귀국을 포위한다는 말이 아니다?"라고 했다.

아두가 말하기를, "전날 정응정을 돌려보냈는데, 고맙다는 말이 없다. 또한 장수와 사졸을 구하여 찾는다는 말이 없는데, 어째서인가?"라고 물으니, 원수가 답하기를, "'먼저 돌려보내주니(先爲出送)'라는 네 글자와 '이

평안도관찰사 서朝鮮國平安道觀察使書'라고 썼다.

62 적군이 사면에서 핍박을 가하여 형세가 위급하다는 뜻으로,《예기禮記》〈곡례曲禮〉 상편에 나오는 말. 조선의 답서에서는 '후금이 중국과 조선에 포위되어 있다'는 뜻으로 사용되었다.

63《광해군일기》광해군 13년(1621) 9월 10일 기록 중 정충신의 보고에 따르면, 아두는 누르하치의 종제從弟다. 다만 후금 정치사에 아두라는 인물은 보이지 않으므로 아돈阿敦(Adun, ?~1621) 혹은 액역도額亦都(Eidu, 1562~1621)를 지칭하는 것으로 추정된다. 이 둘은 모두 누르하치의 측근이며, 한 기旗의 실무 지휘관(固山額眞)이었다. 특히 액역도는 5대신 가운데 한 명이었다. 다만 아돈과 액역도는 서로 발음도 유사하고, 사망 연

에 뒷날 모두 돌려보내기를 청한다(乃後日請盡出送)'라는 표현 그리고 '이웃과의 우호(隣好)'라는 글자를 돌이켜 보건대 모두 고맙다는 의미가 아니겠는가"라고 했다.

아두가 말하기를, "이 서신은 반드시 명나라(南朝)의 의도이며, 조선 사람을 시켜서 보낸 것이다"라고 하니, 원수가 답하기를, "어찌 그럴 리가 있겠는가. 전날 귀국의 국서에 '만일 대국大國을 먼저 범하려는 마음이 있다면 하늘이 어찌 살펴보지 않겠는가' 등의 말이 있었다. 그러므로 우리나라가 이런 말을 한 것이다"라고 했다.

대해 등이 부끄러워 사과하며 말하기를 "우리가 문자는 조금 알지만, 글 뜻은 충분히 이해하지 못했소"라고 했다. 아두는 자못 희색이 만연한 얼굴로 "마땅히 칸께 알려야겠소"라고 말하고, 잠시 후 다시 돌아와 누르하치의 말로 차관에게 치사致謝하여 전하기를, "적절히 영접하지 못한 점이 있어 깊이 유감으로 생각한다"라고 했다. 곧 차관을 원수가 머무는 처소 근처로 옮겨 머물게 했다. 서신은 사흘 뒤에 받아갔는데, 대개 시종 국서國書가 아니었으므로 종시 가볍게 여겼기 때문이다.

〔아두는 문서를 찾는다는 구실로 차관의 짐을 하나하나 살펴보았다. 대개 차관의 행차에는 반드시 우리의 토산물이 포함되었을 것이라고 생각했기 때문이다.〕

1619년 6월 2일

차관은 백저포白苧布 6단, 백지白紙 10여 속, 면포 10여 단을 가지고 와서 아두에게 보냈는데 모두 누르하치에게 들어갔다고 한다. 소농이가 만포

도도 같으며, 경력도 유사한 부분이 많은 점으로 미루어보아 동일 인명을 다르게 표기했을 가능성도 있다.
64 여진족 추장의 참모 혹은 관리들을 가리킨다.《광해군일기》에 '己未四月十六日己巳備司啓曰: 常聞北道 六鎭胡人贍給文書, 稱建州衛馬法云, 所謂馬法, 似指裨神而言也'라는 설명이 있다(광해군 11년 4월 16일 기사).
65 《예기》〈곡례〉 상편에 나오는 "천하가 태평하지 못하여 사방 교외에 보루가 많은 것은 경대부의 부끄러움이다(四郊多壘, 此卿大夫之辱也)"라는 표현에서 유래했다.
66 호륜扈倫·呼倫, 호라온(忽剌溫)이라고도 한다. 원래 흑룡강 지역의 한 부족이었는데, 점차 송화강 유역으로 이동하여 네 개의 부족으로 성장했다. 이를 호륜 4부라고 하는데, 중국에서는 해서여진 4부라고 했다. 우라

에서 얻은 것도 모두 누르하치에게 올렸다고 한다. 그들이 우리나라 물산을 좋아하는 것이 이와 같았다.

[누르하치의 여러 아들이 모두 말하기를, "조선은 명나라와의 관계를 스스로 부자 관계와 같다고 말합니다. 또한 예물도 가져오지 않았으니, 그들이 우리와 서로 화친하고자 하지 않음을 알 수 있습니다. 그 장병들을 모두 죽이느니만 못합니다. 요동을 함락한 이후에는 저들이 무엇을 믿겠습니까?"라고 했는데, 귀영가가 말하기를 "그들이 예물을 보내오지 않았다고 해서 그 장병들을 죽이는 것은 불가합니다"라고 했다 한다. 후금에 병합된 홀온忽溫[66]의 잔당은 "우리가 동관진을 격파하고 나니 조선이 급급히 화친을 구했다. 조선과 지금 비록 화약을 약속한다 하더라도 우리 병사가 공격하지 않으면 반드시 성사되지 않을 것이다"라고 했다 한다.]

1619년 6월 9일

오고리惡古里,[67] 우지개于知介[68] 부락 남녀 7000여 명이 노성 밖에 이르렀다. [이 부족들의 근거지는 노성에서 20여 일 가는 거리만큼 떨어져 있는데 작년 겨울에 누르하치가 병사를 보내 공략했다가 이제 막 함께 돌아왔다고 한다.]

누르하치와 여러 장수가 모두 마중 나가면서 두 원수와 차관을 초청하여 다른 장막에 머물게 했다. 누르하치가 사람을 보내 "양국이 서로 화친했다면 마땅히 손을 맞잡고 같이 앉아서 이야기할 일이지만, 지금은 믿을 만하지 않기 때문에 먼 곳에 각자 앉는 것이니, 괴이하게 여기지 마라" 하고 주연을 베풀었다가 파했다.

(烏拉, Wula), 하다(哈達, Hada), 휘파(輝發, Huifa), 여허(葉赫, Yehe)가 그들이다. 1605년(선조 38) 우라 추장 부잔타이(布占泰, Bujantai)가 대군을 이끌고 함경도 동관진潼關鎭을 습격하여 함락한 후 돌아갔다. 조선은 강화를 청하여 우라의 장수들에게 직첩을 주고 매년 녹봉 명목으로 공납貢納을 보냈다. 이 때문에 조선에서는 우라를 홀온으로 칭했다.
67 여진족의 한 부족. 두만강 북쪽의 오도리吾都裏(Odoli) 부족을 칭한 것으로 보인다.
68 여진족의 한 부족. 두만강 북쪽에 살던 우디케(Udike) 부족을 말한다.

1619년 6월 10일

누르하치가 군마를 거느리고 나갔다.

1619년 6월 16일

누르하치가 개원開原[69]을 함락했다. 인민들을 도륙했는데 죽고 사로잡힌 이가 무려 6만~7만 명에 이른다. 전쟁에서 얻은 포로(子女)와 재산을 약탈해 돌아오는 행렬이 5~6일 동안 이어졌다.

〔누르하치는 이때부터 자편성에서 머무르며, 그 처첩을 데리고 갔다 한다.〕

1619년 6월 30일

사畬가〔누르하치가 나가면서 사로 하여금 성을 지키게 했다고 한다〕 사람을 보내와서 말하기를, "칸이 귀국의 차관을 내일 출발하여 돌려보내라고 하셨다. 조선 군인 열 명을 데리고 가게 하라"라고 했다.

〔이때 일행 중 무지한 자들이 다투어 수호守胡(오랑캐 감시 책임자)에게 뇌물을 주자, 수호가 열 명을 스스로 골라 보내려고 했는데, 도원수가 형제가 함께 있는 자는 한 사람을 보내야 하고, 그들 마음대로 하지 못하도록 해야 한다고 말했다. 수호가 분노하여 행패를 부리는 것이 이루 다 말할 수 없었다.〕

사가 소농이를 시켜 묻기를, "계사년(1593, 선조 26)에 우리가 감파보甘坡堡 사람 30여 명을 만포로 돌려보냈는데, 귀국이 회답하지 않았다. 신해년(1611, 광해군 3)에도 하서국 등이 잡혀와서 만포로 돌려보냈으나, 귀국은 역시 회답하지 않았다. 어째서인가? 지난번에 홀온 부족이 동관진을 공격하

69 중국 요령성 동북부, 요하 동쪽에 있는 지방 도시. 철령시에 속한다. 철령과 함께 명나라 때의 동북변 군사 요충지였다. 흔히 북관北關으로 불렸다.

86

여 함락했을 때, 귀국은 심지어 서로 화친하자고 하며 녹봉까지도 지급했다. 우리나라는 일찍이 귀국을 한 번도 침범한 일이 없는데, 지금 명나라 병사와 함께 와서 공격을 했다. 귀국이 패배를 당한 이후에도 많은 장병들을 이와 같이 잘 대접했는데, 귀국은 어찌해서 감사하는 뜻을 전하지 않는가?"라고 했다. 원수가 답하기를, "계사년, 신해년의 일은 변방의 장수가 조정에 아뢰지 않았기 때문에 그러했을 뿐이다. 홀온 부족은 이미 그 죄를 알고 화친을 간절히 청했기 때문에 그렇게 응대했던 것이다. 귀국과 서로 화친하는 일을 어찌 홀온 부족에게 비교하겠는가?"라고 했다.

1619년 7월 1일

사가 원수의 처소에 와서 차관에게 청하여 그 편지를 보여 주었다.

〔대략 이르기를, "지금 그 국서를 보니 '우리나라는 명나라에 대하여 부자 관계와 같으며, 사방에 보루가 많으니 함께 대도大道로 나아간다면 명나라에서 총애하는 은전이 곧 내려올 것이다'라고 했는데, 이렇게 협박하는 말을 나는 매우 싫어한다. 이는 아마도 명의 뜻으로 조선 사람을 보낸 것이다. 양쪽 사이에 가만히 앉아서 사태의 추이를 보는 것도 국왕에게 달렸고, 마음을 정하여 확실히 기회를 함께하는 것도 역시 국왕에게 달렸다. 맹약의 글을 써서 불사르고, 백마를 잡아 하늘에 제사 지내며, 검은 소를 희생물로 삼아 땅에 제사 지내면 자자손손 영원히 다툼이 없을 것이요, 태평성세의 기회가 올 것이니 어찌 좋지 않겠는가"라고 했다.〕

사가 묻기를 "우리나라의 국서는 어떠한가?"라고 했다. 원수가 말하기를 "앞부분의 문장은 우리나라의 뜻이 아니다"라고 했다. 사가 말하기를,

"비록 귀국의 뜻이 아니라고는 하나, 우리가 보기에는 이와 다르지 않다"
라고 했다. 원수가 말하기를, "맹약의 일은 예로부터 있었지만, 우리나라
에서는 천지天地에 제사하는 법이 없으니, 그렇게 하기는 어려울 것이다"
라고 했다. 사가 말하기를, "그렇게 하지 않는다면 양국이 서로 화친을 맺
을 때 무슨 일로 신표를 삼겠는가? 귀국의 사신이 이곳에 도착하면 우리
대장大將과 더불어 맹세하라. 우리나라의 사신이 귀국의 수도에 가면 정
승과 함께 맹세할 것이다〔대개 일찍이 서울에 왔던 번호들이 알려준 것이다〕라
고 했다. 원수가 힘써 그 불가함을 말했다.

사가 이어 차관에게 말하기를 "회답서回答書에 옥새가 찍혀 있지 않으
면 군이 다시 올 필요 없다. 회답서에는 많은 말을 할 것도 없이 다만 다시
는 명나라에 지원군을 보내지 않으며, 화친을 맺은 뒤에는 자자손손 영원
히 화살 한 촉 쏘는 일이 없을 것이라고만 하면 된다"라고 했다. 사가 누르
하치의 말에 따라 모피 외투를 차관에게 선물하며, "이는 개원에서 습득
한 것이다. 모름지기 국왕에게 돌아가서 잘 전달하라"라고 말했다.

○ 차관 양간이 돌아갔다. 〔두 원수가 상소했다.[70] ○ 조카 제륙齊陸이 열 명의
군인 무리에 뽑혀 함께 떠났다. 이에 큰형님과 둘째 형님에게 편지를 올렸다.〕

1619년 7월 2일

이응복李應福이 도망했다. 〔응복은 여진 말을 할 줄 알아 밖을 출입하며 오랑캐
여자를 간음했고, 패려 한 일이 많아 일행이 통렬히 배척했다.〕

88

---

70 이때 강홍립이 조정에 올린 장계의 내용은 《광해군일기》 142권, 광해군 11년(1619) 7월 14일 을미에 수록되
   어 있다.

1619년 7월 3일

이기李祗의 말에 따르면 김득남金得男 등이 도망했다.

1619년 7월 10일

사덕민史德民 등이 도망했다. 〔이때 우리 일행이 연달아 도망하자 아두가 명령을 내려 밤에는 대문을 닫고 자물쇠를 채우게 했다. 지키는 자들이 항상 수십 명이 되었다. 대개 이전에는 오랑캐들이 우리 일행을 대우하는 것이 매우 예의 있었으나, 차관양간이 왔을 때부터 점차 예전만 같지 않았다. 세 번이나 도망한 이후에는 감옥보다 더 지키기를 엄하게 하여 자못 견딜 수가 없었다.〕

1619년 7월 13일

아두〔사를 대신해서 성을 지키고 있었다〕가 말하기를, 누르하치가 두 원수와 부하 장수 여섯, 통사와 종 등 10여 명을 자편성으로 옮기게 했는데, 내일 새벽에 출발한다고 했다.

1619년 7월 14일

아두가 말하기를, 누르하치가 자편성에는 묵을 집이 없으니 행차를 중지하도록 했다고 했다.

1619년 7월 15일

아두가 말하기를, 누르하치가 두 원수 일행의 하인들이 너무 많이 모여 있고 연이어 도망가서 지키기 어려우니, 도원수 군관 한 사람과 종 두 명, 부원수 군관 한 사람과 종 한 명, 부하 장수 여섯 명과 종 세 명, 통사 세 명과 그들이 거느린 종 세 명 외의 50여 명은 모두 팔기의 장수에게 분배하여 지키도록 했다고 한다. 50여 명을 핍박하여 몰고 나가는 정황은 참혹하기가 이루 말할 수 없었다. 들으니 며칠 후에 모두 죽었다고 한다(군관 구운 남具雲男과 종 양남陽男이 모두 살해되었다).

1619년 7월 23일

누르하치가 기병騎兵을 거느리고 출동했다.

1619년 7월 25일

누르하치가 철령을 함락했다. 이때 성안의 부인과 어린이는 미리 대피했고, 재물은 미리 감춰두었다. 다만 성을 지키는 군마만 남아 있었으나, 적이 오자 지레 먼저 무너져버렸다. 도륙당한 자가 3000~4000명이나 된다고 한다.

〔들으니, 영원백寧遠伯 이성량李成樑[71]의 저택이 화려하고 집기 등 사치하기가 이루 다 말할 수 없었다. 그가 오랑캐를 양성하고 변방의 병사를 다 쇠약하게 만들어 요동이 이 지경에 이르렀는데, 자신이 먼저 피신하여 민심을 동요시키고 변경의 거진巨鎭이 갑자기 함락되니, 그 통탄스러움을 견딜 수 있겠는가.〕

몽골족 추장인 재사이(宰賽)[72]의 1만여 기병이 철령성 밖에 갑자기 이르렀다. 〔대개 명나라가 재물을 후하게 주어서 그의 군대를 징발했기 때문에 이곳에 온

71 1526~1615. 명나라 후기의 명장 군벌. 요동 철령 사람이다. 30여 년간 요동총병으로 있으면서 10여 차례 대첩을 거두어 공신이 되었고 영원백에 책봉되었다. 아들 이여송李如松 등 네 명이 모두 총병 등 고급 무관에 올랐다. 1615년에 90세의 나이로 죽었다. 누르하치가 어렸을 때 데려다 길렀다는 이야기도 있다.

72 중국에서는 介賽(Jiesai)로 표기함. 내몽골 하르하(喀爾喀) 지역 차르트부(察魯特部)의 부족장인 패륵貝勒이 있었다. 1619년 7월에 누르하치가 철령을 공격하자, 명나라를 지원하기 위해 출정했으나, 도리어 아들 두 명과 함께 후금의 포로가 되었다. 오랫동안 포로로 잡혀 있다가 청 태종 때 석방되었다.

것이다.) 후금 군은 미처 갑옷도 입지 못하고 있다가 부상당한 사람이 많았는데, 누르하치와 귀영가가 직접 솔선하여 돌격하니 재사이의 몽골군이 패전했다. 재사이와 두 아들, 부장들이 사로잡혔다.

〔재사이의 부장은 누르하치가 아끼는 첩의 오라비였다. 누르하치가 이들을 회유하여 마음을 같이하기로 약속했기 때문에 재사이의 부족 가운데 낙타와 말을 수습하여 후금에 투항해오는 자들이 길에 연이어 있었다.〕

1619년 8월 4일

아두가 와서 누르하치의 말을 전했는데, "차사 한 사람이 귀국의 통사와 함께 만포로 가서 차인差人(조선 사신)이 들어올 기별이 있는지 타진해보도록 하라. 돌아오는 즉시 회보하도록 하라"라고 했다. 하서국을 오랑캐 차사와 함께 만포로 보냈다.

7. 자편성의 수용소 생활과
지지부진한 강화 교섭

1619년 8월 11일~1620년 3월 20일

강홍립과 이민환 등 조선군의 장수급 포로들은 1619년 8월 11일 한밤중에 120여 리 떨어진 자편성으로 끌려갔다. 그들은 다음 날 오후 자편성에 도착하여 잠시 민가에 머물다가 8월 21일 성안의 목책 속에 구금되어 엄중한 감시를 받았다. 그들은 여기서 다음 해 7월 귀환될 때까지 약 1년간 갖은 고초를 겪으며 생활했다. 그 야말로 수용소 군도에서와 같은 생활이었다.

그해 9월 후금에 투항한 요동 사람이 "조선 군사가 요동에 와서 주둔해 있다"라는 말을 퍼뜨리자 후금은 크게 긴장했고, 조선군 포로에 대한 감시와 구박도 심해졌다. 그러나 9월 15일 만포에 갔던 오랑캐 차사가 돌아와 그것이 근거 없는 사실임을 증언했다. 명나라 사신이 병사를 징발하러 조선에 갔으나, 조선이 일체 응하지 않았다는 것이었다. 또 명나라 사신들이 서울에 오래 머물러 있어 후금에 국서를 보내지 못했고, 명나라 사람들이 돌아가면 조선의 차인이 이곳에 올 준비를 하고 있다는 말도 전했다.

그러나 후금은 한동안 경계를 늦추지 않았다. 누르하치의 아들 중에서 가장 호전적인 홍타이지와 망고태는 조선을 배후에 두고는 요동을 장악할 수 없으므로 조선을 먼저 공격해야 한다고 주장하여 우모령과 만차령 일대에 전쟁을 준비시키기도 했다. 11월에 누르하치는 다시 차사 소농이를 만포에 보내 조선의 동정을 살피게 했다.

11월 18일에 함께 잡혀 있던 장수 황덕영과 황덕창이 도망하자, 감시하는 오랑캐가 두 배로 늘고 밤새도록 순찰을 돌았다. 누르하치의 아들들은 조선의 장수들을 속히 죽이자고 했으나, 누르하치는 소농이의 보고를 기다려 보자고 했다. 12월에 돌아온 소농이 일행은 조선에서 요동에 지원군을 보냈다거나 조선 군사들이 만포와 창성 두 길로 침입해 온다는 소식은 모두 거짓이라고 보고했다. 이 때문에 후금은 크게 안심했고, 조선군 포로들도 살해 위험을 벗어났다.

다음 해(1620) 2월에 누르하치는 다시 소농이를 만포에 보냈다. 그러나 고대하던 조선의 차관이 온다는 기별은 없었다. 그러나 누르하치는 조선에 대한 경계를 늦추고 조선군 포로들의 머리를 깎지 말도록 지시하기도 했다. 강홍립과 이민환 등은 두 나라의 강화가 정상적으로 이루어지기를 하염없이 기다렸으나, 이렇다 할 소식은 없었다.

혹독한 포로수용소 생활을 하면서도 이민환은 후금이 요동총관 이성량의 집에서 노획한 책을 얻어 볼 수 있었다. 그리고 그 내용을 요약, 정리하여 1620년 3월에 《조문록朝聞錄》을 저술했다.

1619년 8월 11일

아두가 누르하치의 명으로 우리 일행을 핍박하여 자편성으로 이주케 했다. 한밤중에 출발하여 끌려가는 정황은 참혹하기가 이루 말할 수가 없었다. 황덕창과 황덕영은 뒤처졌는데, 며칠 뒤에 감시 책임자인 알도사遏道舍

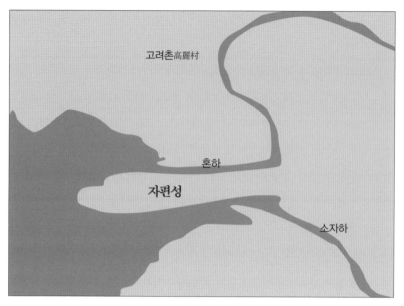

◉ 자편성 지도

두 강 사이에 칼처럼 긴 땅이 자편성이다.

가 데리고 왔다. 그들에 관해 망측한 말이 많아 사람들이 모두 분노했다.

1619년 8월 12일

미시未時(오후 1~3시)에 자편성에 도착하여 한 오랑캐의 집에서 머물렀다.

1619년 8월 19일

누르하치가 군마를 거느리고 북관北關[73]으로 갔다.

---

73 명의 동북 관문이었던 개원 북방에 있던 해서여진의 강국 여허를 말한다.

1619년 8월 21일

우리 일행을 산성 안으로 옮겼다. 목책을 세워 가두고, 밤낮으로 당번을 두어 지켰다.

1619년 8월 22일

누르하치가 북관을 함락했다.

〔들으니, 북관에는 본래 두 개의 성이 있었다고 한다. 하나는 진타이지(金台石, Jintaiji)[74]가 지키던 곳이고, 다른 하나는 부양구(白羊古, Buyanggu)[75]와 그의 동생 부르한구(夫羊古, Burehanggu)[76]가 지키던 곳이다. 진타이지는 후금 군사가 자신의 동성東城을 함락하자 분신하여 죽었다. 부양구가 서성西城을 들어 항복하자 누르하치는 약탈을 금지하고 부족을 모두 옮기니, 후금은 정예 군사를 1만 명이나 얻었다. 부르한구와 가거리加巨里(진타이지의 아들)는 모두 대장大將이 되었다. 앞서 후금 군사들이 심히 걱정하던 것이 북관이었는데, 지금 그곳이 함락되니 오랑캐들이 기뻐 날뛰지 않는 자가 없었다고 한다.〕

1619년 9월 7일

요동 사람으로서 오랑캐에 투항한 자가 "조선 군사가 요동에 와서 주둔해 있다"라고 말했다. 누르하치가 사람을 시켜 우리를 협박하며 꾸짖었다. 우리는 "그럴 이치가 만무하다. 진실로 그러하다면 우리가 어찌 지금까지 강화가 성사되기를 기다리며 목숨을 부지하고 있겠는가?"라고 답했다.

---

74 ? ~1619. 중국에서는 金台吉 혹은 錦台什로 표기한다. 성은 나라씨(那拉氏)로 여허의 마지막 패륵 중 하나다. 양지노(楊吉砮)의 아들이며, 나리부루(納林布祿)의 동생으로 여허 동성東城의 군주가 되었다. 1619년에 누르하치의 공격을 받아 패망하여 죽었다.

75 중국에서는 布揚古로 표기한다. 여허의 나라씨로 , 부사이(布寨, Busai)의 아들이며 여허 서성의 마지막 군주였다. 1619년에 누르하치의 공격을 받아 패망하여 죽었다.

76 중국에서는 布爾杭古로 표기한다. 부양구의 동생이다. 1619년 누르하치의 공격을 받아 여허가 패망하자 후금에 투항했고, 후에 정홍기正紅旗에 소속되어 삼등부장三等副將의 관직을 받았다.

1619년 9월 15일

하서국과 오랑캐 차사 왕주汪住가 만포에서 돌아왔다. 누르하치에게 전하기를, "명나라 관인이 병사를 징발하러 조선으로 갔으나, 조선은 일절 응하지 않았습니다. 명나라 관인이 서울에 오래 머물러 있었던 까닭에 일의 형편이 곤란하여 곧바로 회답하지 못한 것입니다. 근일 명나라 관인이 돌아갈 것이며, 이곳으로 들여보낼 차인이 막 행장을 꾸리고 있으니, 오래지 않아 도착할 것입니다"라고 했다. 누르하치와 그의 여러 아들들이 하서국을 힐문했다. "조선 병사가 요동에 있다고 하는데, 너는 어찌 숨기느냐?" 하서국이 말하기를, "그럴 리가 없습니다. 원컨대 저를 요동에서 온 사람과 함께 가두었다가 우리나라 병사가 오면 저의 목을 베시고, 오지 않는다면 잘못 전한 자의 목을 베시면 될 것입니다"라고 했다.

1619년 9월 21일

누르하치가 군마를 거느리고 심양瀋陽, 개원, 철령 사이에서 들판의 곡식을 수확하여 혹은 운반해 가고 혹은 묻어 두기도 했다. 심양 경내의 보루 두 곳을 공격하여 함락했다. 죽인 군병이 수삼백 명에 이른다고 한다.

1619년 10월 7일

누르하치가 호호리好好里, 어두於斗, 아두, 언가리 등을 시켜 우리 수용소에 와서 묻게 했다.

"우리나라와 너희 나라는 본래 원한이 없었다. 이 때문에 화친하고자 했으나, 귀국이 통교하고자 하지 않는다. 다만 통역관으로 하여금 거짓으로 답하게 하고는 요동에서 다시 명나라에 지원군을 보냈다. 어째서인가? 개원, 철령, 여허가 격파되었음을 귀국은 들어서 알지 못하는가? 귀국의 성지城池는 명나라에 비해 견고하기가 어느 정도나 되는가? 귀국이 화친을 맺을 것인지, 아닌지에 대해서는 하서국이 자세히 말했을 것이다. 명백하게 해명하라."

이에 우리가 답했다.

"우리나라와 이곳은 본래 원한이 없는데, 어찌 화친하지 않을 이유가 있겠는가? 지금 하서국의 말을 들으니, 명나라 관원이 군사를 징발하러 왔으나 우리나라가 그 요구를 받들어 행하지 않았다고 한다. 다만 명나라 관인이 오래 머물고 있어서 일의 형편이 곤란하여 즉시 회답하지 못한 것이다. 이곳으로 들여보낼 차인은 이미 정해졌고 행장을 꾸리고 있다고 한다. 가령 요동에 명나라를 지원하는 군사를 보냈다는 것은 전달한 사람의 망령된 말이다. 여기에서 강화가 결정되기를 기다리지 않고 먼저 병사를 일으킨다면, 군진에서 하늘을 두고 맹세했는데, 이를 배신한 책임은 그대들에게 있지 우리에게 있지 않다. 또한 이기고 지는 것은 본래 정해진 것이 아니다. 만약 전쟁을 일으킨다면, 어찌 반드시 귀국이 승리한다고 보증하겠는가? 우리는 한번 죽으면 그뿐이다."

호호리 등은 "이러한 뜻을 칸 앞에 나아가 회보하겠다"라고 말했다.

[홍타이지(紅歹是)[77]와 망고르타이(亡古歹)[78] 등이 누르하치에게 말하기를 "조선과 여허, 재사이는 모두 명나라를 도왔는데, 여허와 재사이는 지금 이미 공격하여 함락했

---

77 누르하치의 여덟째 아들로서, 황위를 계승한 청 태종太宗이다. 중국에서는 '皇太極, Hong-Taiji'로 표기한다.《조선왕조실록》에는 홍대시洪大時, 홍태주洪太主로 기록하기도 했다. 후금의 4대패륵 중 4패륵으로 불렸다.
78 누르하치의 다섯째 아들 망고르타이(莽古爾泰, Manggūltai, 1587~1632)는 후금의 4대패륵 중 3패륵으로 불렸다.

◉ 청 태종 홍타이지(좌)와 망고르타이(우) 초상

습니다. 조선이 비록 화친을 말하고는 있지만, 지금까지 그 정확한 소식을 알지 못하니 실상은 다시 명나라에 지원병을 보내려는 것이라고 의심할 수밖에 없습니다. 조선을 배후에 두고 먼저 요동을 공격하는 계책은 불가합니다"라고 했다. 누르하치가 여러 장수들을 모아 놓고 매일 극비리에 모의했는데, 우모령과 만차령萬遮嶺 사이의 두 통로 근처 부락에 명하여 긴 사다리를 만들게 했다고 한다.〕

1619년 11월 5일

누르하치가 통사를 불러서 말하기를, "이제 우리 차인을 전에 갔던 만포에 보내니, 너희 통사 한 사람도 같이 가서 차관이 들어오는지 여부를 확실하게 알아보고 급히 보고하라"라고 했다 한다.

〔누르하치가 여러 아들들과 의논하기를, "요동 사람이 조선 군사들이 요동에 지원군으로 와 있다고 하기에 조선 장수들에게 물으니 그럴 리 만무하다고 한다. 지금 우리 차인에게 다시 만포에 가서 사실인지를 확실히 파악하고 화친하는 일을 탐문하게 하자"라고 했다 한다.〕

1619년 11월 7일

하서국이 소농이와 함께 만포로 갔다. 누르하치가 소농이에게 12월 4일까지 돌아와 보고하도록 일렀다고 한다.

〔대개 요동에서 명나라 사람들이 큰소리치기를, "조선 군사가 두 길로 나누어 우모령과 만차령으로 들어올 것이다"라고 했다. 오랑캐들이 여기에 현혹되어 두 길 근처의 부락들을 철수하고 노약자를 성안으로 들어가게 했다고 한다.〕

1619년 11월 14일

누르하치가 군사와 말을 거느리고 개원과 철령으로 가서 남겨 둔 곡식을 거두어들였다.

1619년 11월 18일

황덕영과 황덕창이 달아났다. 누르하치가 돌아와 오랑캐 장수를 보내위협하기를, "이는 그들을 몰래 보내서 소식을 전하게 하려는 것이다"라고 했다. 두 원수가 대답하기를, "하서국이 떠나고 오래되지 않았는데 무슨 통할(전할) 일이 있겠는가? 우리가 지금까지 이곳에 살아 있는 것은 다만 양국의 화친을 협의하기 위한 것일 뿐이다. 저 달아난 자들은 무지한 사람들로, 나랏일을 생각하지 않은 까닭에 그렇게 한 것이지, 어찌 우리가 몰래 보냈겠는가?"라고 했다.

〔감시하던 오랑캐가 죄를 뒤집어쓸까 두려워 군관의 종(奴子)이 도망갔다고 말을 둘러댔으므로 누르하치가 다만 그의 옆구리 아래를 활로 쏘았고, 우리 일행은 살해되는 것을 면할 수 있었다.〕

이후에는 감시하는 무리가 두 배로 늘었으며, 그들은 불을 피우고 징을 치며 밤새도록 순찰했다.

〔누르하치의 여러 아들들이 다투어 말하기를 "조선의 장수를 감시하는 것이 매우 어려우니 속히 죽이는 것이 낫겠다"라고 했으나, 누르하치는 이르기를, "우선 소농이 가 돌아와 보고하는 것을 기다려 보고, 그 후에 처리하더라도 늦지 않다"라고 했다.〕

1619년 12월 2일

소농이가 데리고 간 두 오랑캐가 만포에서 돌아와 누르하치에게 말하기를, "만포에서 차인을 대접하는 것이 지난날에 비해 열 배는 극진합니다. 조선에서 요동에 지원군을 보냈다거나 조선 군사들이 두 길로 침입해 온다는 소식은 모두 거짓입니다"라고 했다. 누르하치와 여러 아들들이 재삼 캐묻고는 기뻐하지 않는 자가 없었다. 통사 등을 불러 말하기를, "너희 나라와 화친하는 일은 반드시 이루어질 것이니, 이제부터는 두 나라 사이에 별일이 없을 것이다"라고 했다. 다음 날 누르하치가 명령 내리기를, "장차 10일 후에 여허 지역으로 가서 사냥하며 연말을 보낼 것이다"라고 했다.

1619년 12월 16일

누르하치가 여허로 가서 7~8일간 사냥하고 돌아왔다.

1620년(광해군 12, 경신년) 1월 21일

소농이가 돌아와 누르하치에게 말하기를, "만포에서 예전보다 갑절로 후하게 대접했습니다. 다시 지원군을 보내지 않는다는 것도 틀림없으니 의심할 것이 없습니다"라고 했다. 소농이가 또 하서국이 모시, 종이, 소금을 싣고 온다고 말하자, 누르하치가 몹시 기뻐하며 이르기를, "조선에서 너를 후대한 것은 나를 보고 그런 것이다. 소금은 만포에 많이 있는가? 여차하면 실어 올 수 있겠구나"라고 했다. 소농이가 또 말하기를 "조선의 차인은 지금 명나라 관원(唐官)이 와 있기 때문에 곧바로 들여보내지 못하지만, 정월이나 2월에 다시 나온다면 들여보내겠다고 했습니다"라고 했다.

1620년 1월 22일

하서국이 돌아왔다. 누르하치가 언가리, 대해 등에게 중간에서 만나 서신을 찾게 했다. 〔한글 편지가 나왔는데, 누르하치가 김업종金業從(동관진의 토병土兵)에게 살펴보게 했으나, 분명하게 해독하지 못하므로 오랑캐들이 크게 의심했다고 한다.〕

하서국이 전한 말도 소농이의 말과 같았다. 언가리 등이 하서국과 함께 수용소에 도착하여 힐문하기를, "하서국의 보고가 지체된 것은 필시 요동을 왕래했기 때문이 아닌가?"라고 했다. 양 원수가 대답하기를 "길이 몹시 멀어 자연히 늦어진 것이지, 요동을 왕래할 일이 있겠는가?"라고 했다.

언가리가 이르기를 "정월이나 2월에 다시 나오라고 하는 것은 우선 얼음이 녹기를 기다리자는 것을 핑계로 거절하는 것에 불과하다. 〔지난번 소농이가 만포에 갔을 때 얼음을 깨가며 배로 건넜다고 하니 오랑캐들이 이 말을 듣고 웃지 않는 자가 없었다고 한다.〕 이후로 강의 얼음이 다시는 영원히 얼지 않겠는가? 귀국에서는 단지 요동의 승패가 결정되는 것을 기다려 화친할지의 여부를 결정하려고 하는 것이다. 만약 우리가 요동을 얻는다면, 어찌 반드시 너희 나라와 서로 화친하려 하겠는가?"라고 했다.

두 원수가 답하기를, "우리는 너희와 본래 원수진 것이 없으므로 다시는 명나라의 군사를 돕지 않을 것이다. 다만 명나라 관원이 왕래하는 것 때문에 차관을 즉시 들여보내지 못할 따름이지, 어찌 얼음이 얼고 요동이 격파될 날을 기다려 화친할지의 여부를 결정하려는 것이겠는가?"라고 했다.

하서국이 즉시 모시와 종이 등의 물품〔소금은 가져오지 않고 만차령 아래에 두었다고 한다〕을 가지고 가서 말하기를, "이것은 장수 일가가 준비한 물품으로 우리나라에서 들여보내게 허락한 것이다"라고 했다. 언가리는 이를 즉시 누르하치에게 바치고, 하서국을 누르하치의 종 집에 머물게 하여 수용소에 가지 못하게 했다. 이는 대개 서로 통하는 일이 있을까 염려해서다.〔누르하치가 모시와 종이를 받고 크게 기뻐했다. 차인과 답서가 오지 않은 것에 대해 매번 명나라 관원을 핑곗거리로 삼았는데, 번호들이 "조선의 법으로는 나라의 명이 아니면 한 자의 베나 한 장의 종이도 들여보낼 수 없으니, 화친할 것임에 의심할 바가 없다"라고 하자, 누르하치도 그렇게 여겼다.〕

1620년 1월 28일

누르하치가 대해를 시켜 수용소에 와서 이르기를, "중국 여자들의 음악이 들을 만하니 지금 보내려고 한다"라고 했다. 원수가 답하기를, "우리가 화친을 맺는 일로 여기에 와서 오랫동안 구류되어 있는데, 이제 약조가 이미 정해졌으니 다시 의심할 것이 없다. 그런데 단지 여악女樂을 들으라고 말하니, 이것이 무슨 도리인가? 하서국이 온 후에 아직 이곳의 뜻을 살피지 못했으니, 간절히 듣기를 원한다"라고 했다. 대해가 불쾌해져 돌아가면서 말하기를 "이는 내가 알 바 아니다"라고 했다.

1620년 2월 14일

누르하치가, 정월에서 2월 사이에 다시 나오라 했다는 말을 듣고, 소농이에게 통사와 함께 만포로 가게 했다고 한다. 언가리 등이 누르하치의 명으로 와서 이르기를, "회령에서 받던 녹봉을 만포에서 받아오고 싶다"라고 했다. 원수가 말하기를, "만포로 옮겨 지급할지의 여부는 조정의 결정에 달렸다"라고 했다.

〔감시하는 오랑캐가 몰래 말하기를 "통사가 갈 때 아마도 중간에서 서신을 수색하는 일이 있을 것이다"라고 했으므로, 미리 작성한 장계를 몰래 인필仁必에게 주어 중간에서 전해 주게 했다.〕

1620년 2월 16일

언가리와 대해 등이 누르하치의 명으로 와서 묻기를, "작년 7월 처음 차관이 되돌아갈 때 보낸 서신에 대해 지금까지도 답을 하지 않으면서 매번 명나라 관원을 핑계 대고 있다. 비록 명나라 관원이 왔다 하더라도, 어찌 능히 문호를 닫아걸고 도로를 막는가?"라고 했다.

원수가 말하기를, "명나라 관원이 와서 비록 문호를 닫아걸지는 않겠지만, 일의 형편이 곤란하여 즉시 회답하지 못한 것이지 다른 뜻은 없다"라고 했다.

언가리가 말하기를, "다시 서신을 보내고자 하는데, 귀국은 역시 전처럼 회답하지 않을 것인가?"라고 했다. 원수가 이르기를, "이번 서신에 대한 회답 여부를 여기에 있는 우리가 미리 헤아릴 수는 없으나, 다만 작년 7월 차관이 돌아갈 때의 서신에는 속이거나 위협하는 말이 있었다. 또 '임금이 마음을 한번 결정하여 단연코 같이 일을 도모하며, 하늘과 땅에 제사 지내고, 백성을 평안하게 하자'는 등의 말이 어지러이 뒤섞여 이치에 닿지 않았다. 우리나라에서 그 말을 해득하지 못했을 뿐만 아니라, 심지어 '임금이 한마음을 정하여 단연코 일을 함께 도모하자'는 것은 이곳과 함께 일을 같이하자는 말이 아닌가. 우리나라가 비록 명나라에 군사를 원조하지는 않겠지만, 어찌 이곳과 같이 일을 할 리가 있겠는가? 하늘에 제사 지내고 땅에 제사 지내는 것은 우리나라에는 옛날부터 없었던 일이다. 전에 일본과 강화할 때도 그러한 일은 없었다. 이러한 말은 모두 응답할 수 없는 말이었으니, 생각건대 이것 때문에 어려워했을 것이다"라고 했다.

언가리가 대해를 돌아보며 "지난번 서신에 과연 이런 말이 있었는가?"라고 물으니, 대해 등이 얼굴빛이 변하며, '과연 있었다'고 답했다. 언가리가 말하기를, "이런 뜻을 마땅히 칸에게 돌아가 보고하겠다"라고 했다.

1620년 2월 19일

누르하치가 무순撫順에 갔다.

〔요동 사람 두 명이 오랑캐에 투항하여 들어왔다. 누르하치가 조선의 군마가 왔는지 캐묻자, "요동에서 여러 차례 병력을 요청했으나 조선에서 한 번도 응답하지 않았습니다"라고 답했다. 누르하치는 즉시 엄하게 형장을 쳐서 묶어 놓고 심문했으나, 대답이 한결같았다.〕

1620년 2월 21일

언가리, 대해 등이 수용소에 와서 그 서신을 꺼내 보여 주었는데, '조선'이라는 글자 위에는 모두 '너(爾)'라는 글자가 있었다. 원수가 말하기를 "'너'라는 말은 곧 하류층이 서로 부르는 말로서, 이웃나라 사이에 서로 공경하는 도리가 아니다"라고 했다. 대해가 드디어 언가리와 의논하고 '너'라는 글자를 지워 버렸다. (그 서신의 내용은 대개 녹봉을 만포로 옮겨 달라는 것과 또 오랑캐 차사가 성안에 들어가지 못해 불편하다는 등의 일이었다.) 원수가 말하기를, "차사가 성안에 들어가지 못하는 것은 오래된 규칙이니, 어찌 다른 뜻이 있겠는가?"라고 했다.

(지난해에 오랑캐 차사가 가지고 간 서신은 이李 상공相公이 지은 것으로, 그는 중국인인데 포로가 된 자였다. 누르하치는 잡다한 말로 서신을 만들어 강화하는 일이 지체되었다고 생각했다. 그래서 지금 이 서신은 대해에게만 작성하게 했다고 한다.)

1620년 2월 23일

누르하치가 팔기의 장수들에게 명령하기를, "지금부터 조선군 포로들은 다시는 머리를 깎지 말고 기르게 하라"라고 했다. (누르하치가 오늘 이런 명령을 내린 것은 출송하는 통사가 그 사실을 알고 떠나게 하려는 것이었다.) 통사인 하서국, 황연해가 소농이와 함께 만포로 출발했다. (대해 등이 서신을 찾았으나 발견된 것이 없었다고 한다.)

1620년 3월 7일

누르하치가 남정男丁을 모두 거느리고 무순과 청하淸河 지경으로 가서 험준한 곳을 근거로 하여 다섯 곳에 성을 쌓았는데, 몇십 일 만에 끝냈다. 각 곳에 병마를 주둔시키고, 한편으로는 농사를 지으며 한편으로는 방어를 하도록 했다고 한다.

〔누르하치는 또 자편성 아래 10리쯤 되는 곳에 새로운 터를 개척하여 성을 쌓고⁷⁹ 집을 지어 머물 곳으로 삼았다고 한다.〕

1620년 3월 20일

《조문록朝聞錄》⁸⁰이 완성되었다.

〔지난해 9월 즈음에 대해가 《성리군서性理群書》 《이정전서二程全書》 《명신언행록名臣言行錄》 《황화집皇華集》 등 모두 30여 권을 수용소로 보내왔다. 대개 이 책들은 우리나라에서 간행한 것으로, 임진왜란 때 조선에 온 명나라 장수가 가져갔는데, 철령이 함락될 때 오랑캐 나라로 유입되었다. 수용소에 구류되어 있는 동안 밤낮으로 그것을 읽고 외우며 시간을 보냈다. 다만 그 책들은 모두 뭉개지고 빠진 것이 있어서 수미일관하게 참고할 수는 없었다. 마침내 그중에서 훌륭한 말과 지론을 뽑아 정리하고 기록하여 모두 세 권으로 만들었으니, 그것을 《조문록》이라고 했다.〕

---

79 이 성을 사르후 성이라고 한다. 누르하치는 1620년 4월에 성을 쌓기 시작하여 10월에는 임시 수도를 자편성에서 이곳으로 옮겼다. 1621년 요동을 함락한 후에는 다시 요동성으로 옮겼다.

80 '조문朝聞'은 《논어》 〈이인편里仁篇〉에 나오는 "아침에 도를 들으면 저녁에 죽어도 좋다(朝聞道 夕死可矣)" 라는 말에서 유래한 것이다.

8. 외교의 진전과 귀환

1620년 4월 24일~7월 17일

1620년 4월에 들어서자 후금과 조선의 관계에 조금씩 물꼬가 트여 만포로부터 좋은 소식이 전해지기 시작했다. 이 때문에 이민환 등의 조선군 포로에 대한 대우도 나아졌다. 그들의 거처는 4월 24일 자편성 밖에 있는 빈집으로 옮겨졌다. 여전히 목책을 두르고 가시를 꽂았으나 대우는 전과 조금 달랐다.

5월 28일에 조선 통사 하서국 등이 오랑캐 차사 소농이와 함께 돌아와 광해군이 누르하치에게 보낸 구두 메시지를 전했다. 그 내용은 대략 "후금의 국서 내용이 극히 유순하고 후의를 보이니 회답하는 것이 마땅하지만, 명나라 관원들이 압록강을 순시하기까지 하니 국서를 보내기가 어렵다. 두 나라는 전부터 원수진 것이 없으니 서로 화친하는 것이 좋겠다. 근래 조선에 투항해온 여진족은 받아들이지 않고 함께 돌려보낸다"라는 것이었다. 이에 누르하치는 대단히 만족해했다.

1620년 6월 20일 누르하치와 여러 장수들이 회의를 했는데, 귀영가 등은 조선이 성실하고 신의가 있어 의심할 것이 없으므로 장수들을 모두 돌려보내 신의를 보이자고 했다. 그러나 홍타이지 등은 조선 장수들을 모두 보낼 수는 없고, 몇 명만 보낸 후 회보를 기다려보자고 했다.

7월 4일 누르하치는 조선에 다시 국서를 보내 장수 셋과 하인 일곱을 돌려보내겠다고 통지하고 제비를 뽑게 했는데, 그 결과 이민환, 문희성, 이일원이 뽑혔다. 이제 남은 사람은 두 원수와 오신남, 박난영, 통역관과 종 열 명뿐이었다.

이민환 등은 1620년 7월 11일 꿈에도 그리던 고국으로 출발했다. 그들에게는 말이 지급되고 호위하는 군사도 붙여졌다. 그들은 당일 허투알라에 도착했고, 7월 15일에는 파제강(동가강)을 건넜다. 16일에는 만차령을 넘었고, 7월 17일에는 황성(집안)에서 압록강을 건너 만포에 도착했다. 마침내 포로에서 풀려나 조국으로 돌아오게 된 것이다.

당초에 포로로 잡힌 군졸은 거의 4000여 명이었는데, 두 차례에 걸쳐 살육된 사람이 500~600명이나 되었다. 그리고 개별적으로 도망쳐 돌아간 사람이 2700여 명이라고 했다. 1만 3000명이 압록강을 건넜다가 겨우 3000여 명이 돌아오고 1만여 명이 전사하거나 포로가 되어 불귀의 객이 된 것이다.

1620년 4월 24일

평지에 있는 한 빈집으로 일행을 옮겨 머물게 했다. 주위에는 목책을 두르고 가시를 꽂았으나, 대우하는 것이 전과 조금 달랐다. 그 연유를 알지 못했는데, 그저께 만포에서 좋은 소식이 전해졌다고 한다.

1620년 5월 10일

귀영가가 수만 명의 기병을 거느리고 요동과 심양 사이를 불시에 습격하여 여섯 진보鎭堡를 함락하고 사로잡거나 약탈한 사람과 가축이 수천이었다고 한다.

〔요동 사람 왕기공王起功이 사로잡혀 우리 수용소에 왔다. 그는 수보관守堡官이었는데 "요동에 있을 때 들으니, 조선의 장수가 잡혔으나 굴복하지 않았다는 말을 듣고 탄복하며 추앙하지 않는 사람이 없었는데, 뜻밖에 오늘 얼굴을 보게 되었다"라고 말했다.〕

1620년 5월 28일

통사 하서국과 황연해, 오랑캐 차사 소농이가 돌아왔다. 우리 국왕(광해군)이 누르하치에게 전한 말을 들었다. 그 내용은 다음과 같다.

"이번에 보내온 서신은 말이 극히 유순하여 후의를 볼 수 있으니 진실로 회답하는 것이 마땅하다. 그러나 그곳에 있던 자가 요동으로 달아나서 '조선은 막 건주와 서로 통하여 소금, 쌀, 소를 수송한다'고 말했으므로 요동에서 사람을 보내 힐책하며, 심지어 명나라 관원이 강변을 순시하기까지 한다. 지금 만약 회답하다가 도중에 발각되면 반드시 대사를 그르치게 될 터이니, 이런 뜻을 자세히 전하는 것이 좋겠다. 녹봉을 만포로 옮겨 지급하는 것은 본래 어렵지 않으나, 요동에서 힐책하는 때라 극히 난처하다. 먹을 것을 청하면서 때때로 왕래하는 것은 좋지만, 많은 녹봉을 옮기는 것은 도리어 내통한다는 것을 입증하는 것이다. 또 금년에는 이미 함경도로 보냈으니 우선 회령에서 받는 것이 마땅하겠다. 두 나라는 전부터 원수진 것이 없으니 이렇게 서로 화친하는 것은 한두 장수가 잡혀 있기 때문이 아니다. 이 장수들이 있고 없는 것은 구우일모九牛一毛에 불과하니, 죽이든 돌려보내든 오직 그쪽의 뜻에 달렸을 따름이다. 근래 도망한 여진족 남녀 약간 명이 우리나라에 투항해 왔으나, 서로 후대하는 처지에 그들을 받아들일 수 없으므로 함께 보낸다."

누르하치가 재삼 묻고 크게 기뻐하며 말하기를, "도망한 여진족은 마땅히 목을 베어 죽여야 하나, 조선에서 심지어 쌀과 소금을 주면서까지 살리려 했는데, 내가 곧장 그들을 죽인다면 그들이 나를 뭐라고 하겠는가. 죽이지 말고 그 주인에게 돌려주되, 다만 그 주인들에게는 혹독하게 부린 죄를 물어 다스리라"라고 했다 한다.

1620년 6월 10일

누르하치가 5만 기병과 수만의 보병을 거느리고 가서 심양을 침범했다. 이보다 수십 일 전에 성을 공격하는 장비를 대대적으로 수리했으나, 막상 떠날 때는 버려두었다. 하루 밤낮으로 급히 달려가 불시에 작은 진보와 촌락 40여 곳을 습격하여 남녀 수천 명을 사로잡았다. 그들은 성에서 5리쯤 되는 곳까지 치달았으나, 성안에서는 감히 나와 싸우지 못했다고 한다.

〔들으니, 심양 사람으로 오랑캐에게 투항한 자가 심양성의 방비가 매우 엄밀하다고 말했으므로, 오랑캐 병사들이 다칠 것을 두려워하여 즉시 성 아래로 바로 가까이 가지 않았다. 그러나 심양 경내에서 분탕질을 하여 남은 것이 거의 없게 되었으므로 성안의 형세는 더욱 고립되고 위태로워졌다고 한다.〕

1620년 6월 15일

누르하치가 돌아왔다. 사褰가 기병 1만여 명을 거느리고 개원으로 가서 심양의 북쪽 경계를 침범했다.

1620년 6월 16일

홍타이지가 철갑을 입은 기병 8000명을 거느리고 지난번에 불 지르고 겁탈한 지역을 불시에 공격했다. 피란 갔던 백성들이 다시 폐허로 돌아와 잿더미를 수습하는 도중 뜻밖에 적을 만난 것이어서 한 사람도 벗어나지 못했다. 사로잡힌 사람과 가축이 무려 몇천이나 되었다고 한다.

〔지난해에는 적들이 중국 사람을 만나면 모두 죽였으나, 지금은 전혀 죽이지 않고 심지어 병이 나서 걷지 못하는 사람은 버려두고 온다고 한다. ○ 누르하치가 사로잡은 한족漢族 세 명에게 크게 은혜를 베풀어 말을 주고 편지를 부쳐서 요동으로 돌려보냈다고 한다. ○ 사로잡은 명나라 사람이 말하기를, "심양과 요동 사이에 적이 두려워 경작하지 못하는 곳이 수백 리나 이어지고, 심양 성안에는 군마가 많이 모여 있어 물가가 5~6월 사이에 폭등하여 군마도 지난겨울에 쌓아둔 풀을 먹는다"라고 했다. ○ 오랑캐에게 투항한 심양 사람이 말하기를, "경략 웅정필이 심양의 수장으로 있으면서 적이 와도 성에서 나와 싸우지 않았기 때문에 문책을 받아 잡혀갔다"라고 했다. 오랑캐가 기뻐하며 이후로는 감히 성에서 나오지 않을 수 없을 것이라고 했다. ○ 감시하는 오랑캐가 몰래 말하기를, "7월 그믐에서 8월 초 사이에 누르하치가 많은 무리를 이끌고 요동으로 가서 곡식을 거두어들일 것이다"라고 했다.〕

1620년 6월 20일

누르하치와 여러 장수들이 우리나라의 일을 가지고 회의했다. 귀영가와 사가 말하기를, "조선이 실로 명나라를 두려워하여 답서를 보내지 못하지만, 도망친 여진족을 잡아 돌려보냈으니 성실하고 신의가 있어 의심할 것이 없다. 저들의 장수들을 가두어 두는 것도 무익하고, 살해하는 것도 무익하니, 모두 돌려보내 신의를 보여 주는 것이 낫겠다"라고 했다. 홍타이지 등은 말하기를, "조선에서 끝내 답서를 보내지 않는 것은 핑계에 불과하다. 비록 도망친 여진족을 잡아서 돌려보낸 신의가 있다고는 하지만, 그 장수들을 모두 보낼 수는 없다. 지금 우선 하급 장수 몇몇을 보내고 나서 회보를 기다려 본 다음 전부 보내도 늦지 않을 것이다"라고 했다 한다.

1620년 7월 4일

누르하치가 언가리와 대해를 수용소에 보내 말하기를 "귀국에서는 비록 답서를 하지 않았으나, 나는 국서를 보내지 않을 수 없다" 하고, 그 국서를 내보였다. 〔국서의 내용은 대략 이러했다. "도망간 여진족을 돌려보내준 것은 대국大國(조선을 지칭)의 처분이 참으로 공정하니, 후의에 답하지 않을 수 없다. 그래서 장수 3인과 종 7인을 돌려보내겠다. 운운."〕

원수가 묻기를, "지금 두 나라 사이에 신의의 약속이 이미 정해졌는데, 또다시 우리를 잡아 두는 것이 무슨 이익이 되는가?"라고 했다. 언가리가 답하기를 "장수들을 모두 다 돌려보내지 않는 것을 불평하지 마라. 지금 이미 길이 열렸으니 오래지 않아 마땅히 모두 돌려보낼 것이다"라고 했다.

대해 등이 드디어 다섯 개의 목판(木牌)에 각기 우리 장수 다섯 명의 이름을 쓰고, 오랑캐 군졸을 시켜 그 목판들을 손으로 잡아 머리에 이고 하늘에 기도한 후 목판 세 개를 뽑았는데, 나와 정주목사 문희성 그리고 순천군수 이일원의 성명이었다. 대해가 언가리를 돌아보며 "이것은 하늘의 뜻이다"라고 했다. 〔대개 오랑캐들은 문희성이 벼슬이 높고 나는 문관이기 때문에 내보내지 않으려고 했으나, 제비뽑기가 이와 같으니 대해 등이 모두 놀라고 괴이하게 여겼다.〕

언가리 등이 우리에게 "이제 돌아가게 되니 기쁜가?" 하고 물었다. 우리가 말하기를, "우리는 강화하는 일 때문에 오래 잡혀 있었는데, 이제 화친의 약속이 이미 정해졌는데도 두 원수를 구류하고 단지 우리만 돌려보내니 어찌 족히 기뻐하겠는가"라고 답했다.

〔언가리가 누르하치의 말을 소농이에게 전하기를, "조선 장수 셋과 군관 넷, 통사 하나는 걸어서 갈 수 없으니, 가는 길에 말을 주어 역참을 지날 때마다 바꾸어 타게 하라. 너는 모름지기 공손하게 행차를 호위해야 할 것이다. 운운" 했다.〕

1620년 7월 11일

우리는 고국으로 출발했다. 〔아직도 수용소에 갇힌 사람은 두 원수와 오신남, 박난영 그리고 통역관과 종 열 명뿐이었다.〕 가는 도중에 오랑캐 하나가 쫓아와서 말했다. "귀영가가 누르하치에게 요청하여 차인 한 사람을 보내어 가는 길의 역마들을 점검하게 했다. 운운."〔2경二更(밤 9~11시)에 오랑캐의 도성 밖에 살고 있는 김업종의 집에 도착했다.〕

1620년 7월 12일

30리쯤 가서 묵었다. 〔소농이가 자기 집에서 머물고 싶어 몰래 호송하는 차인을 사주하여 역마를 즉시에 내주지 않았기 때문이다.〕

⊙ 집안시 국내성 유적지

⊙ 집안시 광개토대왕릉(대왕릉)에서 바라본 만포
멀리 오른쪽으로 보이는 곳이 만포다.

1620년 7월 13일

120리쯤 가서 묵었다.

1620년 7월 14일

50리를 가서 묵었다. 〔역마 교체가 지체되었기 때문이다.〕

1620년 7월 15일

파제강婆提江[81]을 건넜다. 〔작은 배에 여덟아홉명이 탈 수 있었는데, 극히 가볍고

빨랐다. 말은 강을 헤엄쳐서 건넜다.〕 90리쯤 갔다. 저녁에 비를 맞아 만차령 아

래에서 노숙했다.

〔뒤따라온 오랑캐 차사는 초부락初部落에 도착했다가 돌아갔다. ○ 지나온 파제강

과 만차령 사이 60~70리 땅에는 방목하는 말 떼가 산과 들을 뒤덮었으니, 그 수가 얼

---

81 파저강婆猪江, 동가강佟佳江, 혼강渾江이라고도 함. 중국 요령성 동북방 관전현과 환인현의 경계를 이룬다.
압록강의 지류로, 물의 근원은 길림성 혼강시渾江市 하르아판산(哈爾雅範山)에서 시작되고, 445킬로미터를
흘러 환인과 집안集安을 지나 압록강으로 들어간다.

115

마나 되는지 알 수 없었다.]

1620년 7월 16일

　만차령을 넘어 70리를 가서 구랑합九郎哈 골짜기에서 노숙했다. [멀리 고
산리高山里의 봉수대가 보였다.]

1620년 7월 17일

　50리를 가서 황성皇城(集安)⁸²을 지나고, 압록강을 건너 만포에 도착했다.

　[당초에 포로로 잡힌 군졸이 거의 4000여 명이었는데, 두 차례에 걸쳐 살육된 사람

이 500~600명이나 되었다. 지금 들으니, 전후로 도망쳐 돌아간 자가 2700여 명이라고

한다. 도망쳐온 사람들의 말을 들으니, 지나온 산과 계곡에 굶어 죽은 우리나라 사람들

의 시체가 헤아릴 수 없이 많았다고 한다.]

---

82 현재의 중국 길림성 동남쪽에 있는 집안시를 조선시대에는 황성이라고 불렀다. 고구려 때의 국내성과 환도
　산성, 장군총과 광개토대왕비 등 수많은 유적이 남아 있다. 압록강 맞은편에 평안도 만포가 있다.

건주문견록 建州聞見錄

〈건주문견록〉은 이민환이 1619~1620년 심하 원정에 나갔다가 포로가 되어 수용소 생활을 한 후에 돌아와 기록한 저술이다. 여기에는 당시 건주라고 불렸던 후금 지역에서 그가 듣고 보고 경험한 지리·풍속·정치·군사 등의 여러 사항과 조정에 건의한 후금 방어 대책이 기록되어 있다.

이 글은 《자암집》 제6권에 수록되어 있다. 이는 〈책중일록〉의 부록이라고도 할 수 있는데, 〈책중일록〉이 하나의 편년체 역사라면, 〈건주문견록〉은 일종의 지리지와도 같다. 이 두 글이 서로 밀접한 관계를 가지고 있기 때문에 본서에 붙인 것이다.

〈건주문견록〉의 앞부분에는 심하, 노성, 자편성 일대를 중심으로 한 건주 지역의 산과 강, 평야, 기후, 도로, 거리, 도성과 기타 성곽, 군사 시설 등 자연지리 환경과 인문지리 정보가 많이 수록되어 있다. 그리고 이 지역의 가옥 형태와 의복이나 모자 등의 복식, 두발 모양, 장신구 등 여진족의 의식주 생활이 잘 묘사되어 있다. 또한 농업과 목축, 채소, 과일 등의 재배와 길쌈, 야철 등의 수공업에 관한 정보 그리고 여진족의 신앙, 제사, 장례, 혼인 등의 습속도 충실히 담고 있다. 이러한 자연·인문 지리 정보는 청나라 초기 건주 지역의 지리적 환경을 이해하는 데 귀중한 자료가 된다.

여기에는 당연히 누르하치와 그의 가족, 부하들의 용모, 행태, 성격, 습성 등에 대한 관찰도 포함되어 있다. 특히 누르하치의 나이, 체구, 용모, 기질 등의 신상 정보는 흥미롭다. "누르하치의 사람됨은 의심이 많고, 사나우며, 위엄 있고, 포악스럽다. 비록 가족이나 예전부터 친애하는 자라도 조금만 거슬리면 즉시 죽였기 때문에 두려워하지 않는 자가 없다"라는 표현은 매우 생생하다. 누르하치의 후계 구도에 대해서도 언급했는데, 둘째 아들 귀영가를 유력하게 보고 있다.

후금군의 군사 편제와 전술 운용에 관한 내용도 많은데, 여기에는 팔기와 니루의 지휘관, 지휘 체계, 무기와 신호, 병참, 전술의 기본 원리와 전투 기술, 군사들의 기질, 논공행상, 엄격한 처벌 제도 등이 수록되어 있다. 이러한 당시 후금의 무력과 전투 역량에 대해 저자는 가공할 만한 위력을 느끼고 있었다.

이에 대해 이민환이 국왕에게 건의한 대비책은 산성을 수축하는 일, 군마를 사육하고 강화하는 일, 정예 군사를 양성하는 일, 평안도와 함경도의 사납고 용감한 토병을 육성하는 일, 정밀하고 우수한 무기를 제조하는 일, 군인들의 무예 훈련 강화 등이었다. 이는 이민환 자신이 전장에서 직접 경험한 조선군의 약점과 후금 군대의 강점을 비교, 관찰한 데서 얻은 지혜였다.

건주의 산과 강

건주의 산은 백두산에서 시작된다. 동쪽에서 서쪽으로 뻗어 있는데 물도 역시 서쪽으로 흐른다. 노성(허투알라)은 두 하천 사이에 있는데 자못 형세가 있다. 들으니, 수십 년 전에 요동에서 술사術士를 파견하여 지리를 살펴서 건설했다고 한다. 노성의 물은 자편성을 거쳐 삼차하三叉河〔요하遼河에 있다〕로 흐르고, 야로강也老江은 파제강(동가강)으로 가서 압록강으로 들어간다〔이산理山에 있다〕. 산은 높고 물은 험하여 평평하고 넓은 들판이 거의 없다. 풍토가 강경强勁하고 추위가 매우 심하다.

창성에서 노성까지는 400여 리인데, 그 사이에 있는 배동갈령과 우모령은 매우 높고 험준하며 멀다. 만포에서 노성까지는 440여 리인데, 그 사이에 만차령과 파제강이 있다. 들으니, 만포에서 오른쪽 샛길을 따라서 초부락에 이르면 만차령을 넘지 않아도 되고, 길도 평탄하다고 한다.

회령에서 노성까지의 길은 백두산 외곽을 지나가는데 무려 수천여 리다. 그 사이에는 거의 인가가 없어서 행인들은 여러 날 노숙을 한다고 한다. (누르하치가 북방에 있던 부락들을 모두 건주로 이주시켜서 겨우 약간의 부족만 남아 있다.)

노성은 내성과 외성으로 쌓았는데, 내성은 나무와 돌로 섞어 쌓아서 높이가 몇 길이나 되고, 넓이는 3만여 명의 무리를 수용할 만하다. 일곱 개의 문이 있는데, 외성은 거의 무너졌다. 외성 안에 거주하는 사람은 모두 자편성으로 이주시켰다고 한다. 노성에서 자편성까지는 120리인데, 그 사이에 두 개의 성과 하나의 목책을 설치했다.

자편성은 두 강 사이에 있어서 매우 험준하고 성안에는 샘물이 전혀 없다. 나무와 돌을 섞어서 쌓았으며 높이가 몇 길이나 된다. 크고 작은 오랑캐의 집들은 모두 성 바깥 강가에 있다. 지금 이 성에서 10리쯤 떨어진 험준한 곳에 새로 성[83]을 쌓고 집을 지어 장차 머물러 살게 하려고 한다. 심양에서 100여 리, 요동에서 220여 리 떨어져 있다고 한다.

우랑산성于郎山城[84]은 야로강[85] 가에 있고 매우 험준한데, 지금은 수비를 하지 않는다고 한다. 모든 길가의 관측소(瞭望處)에는 봉수대를 설치했으며 서로의 거리는 7~8리다. 봉화를 올려 서로 전달한다고 한다.

누르하치 일가와 팔기군 제도

누르하치(오랑캐는 성姓이 없었다[86])는 몸체가 크지는 않지만 용모가 사납고, 나이는 거의 일흔인데 자못 강건하다. (혹자는 갑인(1554)생이라 하고, 혹자

---

83 이 성이 사르후 성이다.
84 《광해군일기》에는 '울랑산성鬱郞山城'이라고 했다(《광해군일기》 광해군 11년 3월 1일 갑신).
85 심하, 즉 현재의 육도하六道河로서 환인桓仁으로 들어가는 동가강의 지류다.
86 하층 여진족은 대체로 성姓이 없지만 부족장급 유력자는 성을 가지고 있었다. 누르하치의 성은 아이신교로(愛新覺羅, Aisin-gioro)이며, 여허 왕족의 성은 나라씨(那拉氏)다.
87 홍파도리(Hong-baturu)는 누르하치의 장자 저영褚英(Cuyen, 1580~1615)의 작호爵號. 중국에서는 '홍파도로洪巴圖魯'라고 한다. 파도로는 몽골어와 만주어로 '바투루baturu'인데, '영웅'을 뜻한다. 저영은 여러 번 큰 전

는 기미(1559) 생이라고 한다.〕 아들은 장자가 홍파도리紅破都里[87][6~7년 전에 누르하치가 살해했다]이고, 차자가 귀영가〔계미(1583) 생이며, 아들이 다섯 명이다〕이며, 그다음이 홍타이지〔무자(1588) 생이다〕이고, 그다음이 망고태다. 나머지 세 아들은 어리다. 사위는 어두, 잘고치(者乙古赤), 표응고表應古, 올고태(兀古歹)[88]다. 나머지는 자세하지 않다.

오랑캐 말로 팔기의 장將을 구사(高沙, 旗)[89]라고 하는데, 누르하치는 두 개의 구사를 거느린다. 아두와 어두가 그 군사를 지휘하는데, 중군中軍(참모장) 제도와 같다. 귀영가도 두 개의 구사를 거느리는데, 사奢와 부양고가 그 군사를 지휘한다. 나머지 4구사는 홍타이지, 망고태, 두두라고豆斗羅古[90]〔홍파도리의 아들〕, 아미라고阿未羅古[91]〔누르하치의 아우 수르하치(小乙可赤, Šurhaci)[92]의 아들. 수르하치는 전공戰功이 있어서 민심을 얻었는데, 5~6년 전에 누르하치가 살해했다〕가 거느린다. 1구사에 소속된 니루[93]〔오랑캐 말로 니루는 초군哨軍(중대) 제도와 같은 것이다〕는 35 혹은 45개로, 많고 적은 것이 같지 않다. 모두 360개 니루라고 한다.

〔내가 돌아올 때 김업종의 집에서 묵었는데, 오랑캐 병력의 수를 물으니 옛날에는 장갑군長甲軍이 8만여 기騎이고 보병이 6만여 명 있었는데, 지금은 장갑군이 10만여 기이고 단갑군短甲軍 역시 그 수를 밑돌지 않는다고 한다. 출전할 때 장수나 군졸의 종(奴)은 다소를 제한하지 않고 그들이 자원하면 무장한 채 말을 타고 함께 간다고 한다. 이러한 부류는 더욱 그 수를 셀 수가 없다고 한다.〕

오랑캐 말로 배아라군拜阿羅軍[94]이라는 것이 있는데, 누르하치의 친위군이다. 5000여 기병으로 구성되며, 매우 용감한 정예 병력이라고 한다. 〔7장

투에서 승리하여 누르하치로부터 이 작호를 받고 태자로서 국무를 총괄하기도 했으나, 저주옥사로 인해 1615년에 처형되었다.

88 올고태(Worgudai, 吳爾古代)는 누르하치의 셋째 딸인 망고제莽古濟(Mangguji)의 남편이다.

89 중국에서는 구사를 고산固山(旗)이라고 한다. 후금의 군사제도 겸 행정제도로, 팔기 체제의 한 기旗를 말한다. 사령관은 고산액진固山額眞(都統, 旗主)이라고 한다. 1구사는 5자란(甲喇)으로 조직되며, 지휘관은 갑라액진甲喇額眞(參領)이라 한다. 1자란은 5니루(牛彔, Niru)로 조직되며, 지휘관은 우록액진牛彔額眞이라 한다. 1니루는 장정 약 300명으로 조직된다. 따라서 1구사는 총 7500명으로 구성된다. 25니루는 1구사다. 모든

將이 모두 친위병을 거느리고 있는데, 그 수는 알 수 없다.〕

편장編將이 거느리는 것이 3니루 혹은 5니루이고, 귀영가의 아들은 홍타이지의 편장이 되었다. 다른 경우에도 모두 이와 비슷한데, 이는 대개 서로 자식을 바꾸어 섞어서 묶어두려고 하는 술책이다.

8장의 군대는 밤에 모여 진을 치면 새와 짐승의 소리로 서로 응답한다〔호랑이, 말, 소, 개, 닭, 오리, 까마귀, 개구리 소리로〕. 무기는 활〔중국의 활과 같은데 가죽으로 줄을 했다〕, 화살〔나무 화살인데, 혹 녹각鹿角으로 화살촉을 했다〕, 검〔매우 정예하고 날카롭다. 지위가 높거나 낮거나 오랑캐들이 항상 차고 다닌다〕, 창〔자루 끝에 갈고리가 있다〕, 갑주〔매우 가볍고 정치하다. 항상 갈고 닦아서 전투에 임하면 빛이 난다〕, 기치〔5색으로 크고 작은 것이 같지 않다. 누르하치는 황기黃旗, 귀영가는 흑기黑旗, 홍타이지는 백기白旗라고 한다〕, 나팔〔자루의 길이가 수 뼘이 된다〕, 신호 포(號砲)〔명나라 군사에게서 획득해 서로 연락하는 데 사용한다. 조총은 사용하지 않고 철물鐵物로만 쓴다고 한다〕를 쓴다. 성을 공격하는 도구로는 긴 사다리(長梯), 작은 수레〔수레 위에 쇠가죽과 담요를 덮어 화살과 돌을 차단하고 밀면서 나간다〕, 쇠스랑(鐵串), 가죽 방패〔쇠가죽을 네댓 겹으로 펴서 방패를 만드는데 화살이 뚫을 수 없다고 한다〕가 있다.

가옥과 산업

가옥 구조는 암키와(女瓦)로 (지붕을) 덮고, 기둥은 모두 땅에 박는다. 문은 반드시 남쪽을 향하게 하고, 네 벽을 벽돌로 쌓는다. 동, 서, 남쪽 면에 모두 큰 창호를 뚫는데, 네 벽 밑에 모두 긴 온돌을 설치하고 칸막이는 전

여진족은 팔기에 소속된다.
90 누르하치의 장손이며, 태자 저영의 장자인 두도杜度(Dudu, 1597~1642)를 일컫는다. 두두라고는 두도와 아거(阿哥, 만주어로 아들 혹은 왕자를 뜻함)의 합성어로 보인다. 아버지를 대신하여 1기의 주인이 되었다.
91 누르하치의 둘째 동생 수르하치의 차자 아민阿敏(Amin, 1586~1640)을 일컫는다. 아미라고는 아민과 아거의 합성어로 보인다. 후금의 4대패륵 중 서열 제2위로 2패륵이라 불렸다. 팔기 중 양람기鑲藍旗의 주인이었다.
92 1564~1611. 누르하치의 둘째 동생. 후금 초기에 전공을 세워 '청파도로靑巴圖魯(Ching-baturu)'라는 작호를 받았다. 여러 차례 명나라에 사신으로 다녀왔으며, 누르하치로부터 독립을 꾀하다가 처형되었다.

혀 없다. 주인과 남녀 종들이 그 속에 함께 거처한다. 군졸의 집은 짚으로 지붕을 덮고 흙으로 벽을 바르는데, 형태는 같다.

관부官府나 군읍郡邑의 제도가 없다. 누르하치와 여러 아들에서부터 아래로 군졸에 이르기까지 모두 노비〔서로 매매한다〕와 농장〔장수들은 많은 경우 50여 개나 가지고 있다〕을 갖고 있는데, 노비가 경작을 하여 곡물을 주인에게 보낸다. 군졸은 전투에만 종사하고 농사는 짓지 않는다. 토지에 기초해 부역을 징발하거나 조세를 거두는 일이 없다. 토지가 비옥하고 곡식이 매우 무성하여 밭에 여러 가지를 심어서 없는 것이 없다. 논은 전혀 없고 다만 산도山稻만을 심는다. 가을걷이 후에 구덩이를 파서 저장했다가 조금씩 꺼내서 먹는다. 그래서 날씨가 따뜻하면 바로 썩어버린다.

토산물로는 짐승과 물고기, 오이·가지 등의 채소가 있는데, 꽃과 과실은 전혀 없다. 다만 고욤, 해송, 산배가 있을 뿐이다. 육축六畜[95] 가운데는 오직 말이 가장 번성하여 장수의 집에서는 수천, 수백 마리나 기르고, 군졸의 집에서도 수십 마리 아래로는 기르지 않는다. 오랑캐는 개를 시조로 생각하여 절대 잡지 않는다. 우리나라 사람이 개가죽 옷을 입고 다니면 매우 싫어한다고 한다. 은이나 철, 가죽, 나무 장인도 있지만, 오직 철장鐵匠만이 매우 정교하다.

의식주 생활

여자들이 짜는 것은 다만 삼베(麻布)일 뿐인데, 비단을 짜거나 자수를 놓는 것은 중국 사람이 한다. 의복은 잡다하고 장식이 없다. 비록 하천민

---

93 중국에서는 '牛彔(Niru)'으로 표기한다. 후금 군사행정 조직의 기초 조직 단위다.
94 부족장을 뜻하는 여진어 패륵貝勒(Beire)의 친위군을 뜻한다.
95 소, 말, 양, 돼지, 개, 닭.

⊙ 허투알라 궁성 안에 있는 샤만 신당

이라도 용이나 이무기 자수가 놓인 옷을 입는다. 들으니, 오랑캐들은 의복이 매우 귀하여 시골 부락민은 거의 몸을 가릴 수 없었는데, 근래에 약탈을 계속하여 그 덕에 옷을 입게 되어 매우 좋아졌다고 한다. 전장에서는 발가벗겨지지 않은 시체가 없는데, 이를 보면 의복이 귀하다는 것을 알 수 있다. 겨울에 추우면 모두 모피 외투를 입으며, 모자는 추울 때 쓰는 것과 따뜻할 때 쓰는 것이 다르다. 여름에는 풀로 엮어 만드는데, 우리나라의 농립農笠보다 작다. 겨울에는 털가죽으로 만드는데, 우리나라의 호이엄胡耳掩(방한모)처럼 봉합한다. 꼭대기에 붉은 털 한 뭉치를 덧대어 장식한다.

　음식은 저민 고기와 기름에 튀긴 과자(油餅)를 가장 좋아하고 국수, 밥, 술, 막걸리 등을 먹는데 모두 마유주馬乳酒(말 젖 요구르트)를 타서 마신다. 소금과 장은 극히 귀하다. 듣건대, 5~6년 전 누르하치가 명하여 소금을 많이 무역해 들여오게 했는데, 아마도 장차 명나라에 대항해 반란을 일으킬 계책이었던 것 같다. 지금은 오랑캐 장수들의 집에 아직도 비축한 것이 있지만, 일반인의 집에는 소금이 떨어진 지 오래되었다고 한다. 오랑캐 남자들은 수염과 앞머리를 모두 깎고 뒤통수에만 머리털을 남겨 새끼손가락만큼 땋아서 왼쪽으로 늘어뜨린다.[96] 여자들의 머리는 우리나라 여자들의 둥글게 쪽 찐 머리와 같은데, 금은과 주옥으로 장식한다. 귀에는 8~9개의 귀고리를 달고 코의 왼쪽에도 작은 고리 한 개를 단다. 목, 팔, 손가락과 다리에도 모두 두 겹의 목걸이, 팔찌, 반지 등의 고리를 착용한다.

---

96 이것이 이른바 변발辮髮이다.

예법과 습속

누르하치가 사는 곳에서 5리쯤 떨어진 곳에 담장을 둘러친 당우堂宇(사당)가 하나 있는데, 하늘에 제사하는 곳이다. 무릇 전투에 나갈 때나 돌아올 때는 누르하치와 여러 오랑캐 장수들이 반드시 그곳에 가서 예를 올린다.

누르하치는 앉아 있을 때 항상 손에 염주를 들고 그것을 굴린다. 오랑캐 장수들은 목에 한 줄의 띠를 걸고 그 끝에 염주를 달아 손으로 굴린다. 오랑캐들의 예법에는 절하고 일어나는 법이 없어, 장수들이 누르하치를 알현할 때는 모자를 벗고 머리를 조아리며, 졸병들이 장수에게 하는 것 또한 그러하다.

오랑캐 여자가 인사하는 예법은 무릎을 꿇고 앉아 오른쪽 손가락을 눈썹 끝에 갖다 대는 것이다. 친구들이 서로 만날 때는 반드시 허리를 끌어안고 얼굴을 붙이는데, 비록 남녀 사이일지라도 그렇게 한다. 혼인할 때는 씨족이나 가문을 따지지 않는다. 아버지가 죽으면 아들이 계모를 아내로 삼는다.

오랑캐들은 단지 몽골 문자만을 알아서, 모든 문서나 장부는 모두 몽골 문자로 기록한다. 우리나라에 서신을 보내고자 할 때는 먼저 몽골 문자로 초안을 쓴 후에 중국인을 시켜 한문으로 번역한다. 들건대, 오랑캐 장수들 중에는 오직 홍타이지만이 조금 한문을 안다고 한다. 지난해 12월은 작은달(29일)이므로 이미 해가 바뀌었는데도, 오랑캐들은 정월 초2일을 설날로 지냈으니, 이는 역법을 제대로 알지 못한 때문이다. 집집마다 모두 작은 수레를 사용하는데, 소에 멍에를 얹어 끌게 한다. 강을 건너는 작은 배는 8~9명을 태울 수 있는데, 매우 가볍고 빠르다.

질병이 생겨도 치료할 의약이나 침술이 전혀 없고, 단지 무당으로 하여금 기도하고 축원하게 할 뿐인데, 돼지를 잡고 종이를 잘라 붙여 신에게 기도한다. 그 때문에 오랑캐들은 돼지와 종이를 사람을 살리는 물건으로 여겨 그 값이 극히 비싸다고 한다. 사람이 죽으면 그 이튿날 시신을 들판에 옮겨다 놓고 화장한다. 그때 자손과 친척이 모두 모여 소와 말을 잡아 놓고 곡을 하기도 하고 먹기도 한다. 상복으로는 흰 옷과 두건을 착용했다가 2~3일 후에 벗는다고 한다.

군대의 기강과 전술

무릇 잡물을 거두어 사용하거나 전투와 부역 등의 일은 누르하치가 팔기의 장수에게 명령하고, 팔기의 장수는 소속 니루의 지휘관에게 명령하며, 니루장은 소속 군졸에게 명령한다. 한번 명령이 내려오면 조금도 지체하는 법이 없고, 소장을 올려 시비를 가리거나 송사를 일으켜 잘잘못을 다투는 법이 거의 없다고 한다.

오랑캐들은 배고프고 목마른 것을 잘 견딘다. 행군하며 가고 올 때 쌀가루를 조금씩 물에 타서 마시는데, 6~7일 동안 먹는 것이 너덧 되에 지나지 않는다. 비록 큰 풍우나 한파가 닥치더라도 밤새 들판에서 노숙을 한다.

오랑캐가 타는 말은 5~6일 동안 밤낮으로 풀을 먹지 않고도 잘 달린다. **127**

여인도 채찍을 잡고 말을 달리는 것이 남자와 다르지 않으며, 열 살 어린 이도 능히 활과 화살통을 차고 말을 달린다. 조금 한가할 때는 처첩을 거느리고 사냥을 일삼으니, 대개 그들의 습속이 그러하다.

　무릇 전투에 나갈 때는 병참 부대에서 군량이나 군기를 운반하는 일 없이 군졸들이 모두 스스로 준비하여 나간다. 출병할 때는 모두가 매우 즐거워하고 그 가족들도 모두 기뻐하는데, 이는 전리품을 많이 얻어오기를 바라기 때문이다. 군졸의 집이라도 종이 네다섯 명은 있어서 모두 다투어 전장에 나가려고 하는데, 이는 재물을 약탈하기 위해서다. 전투를 할 때는 갑주를 입은 기병부대가 열을 지어 돌격하며 활을 쏜다. 산골짜기에 복병을 숨겨놓았다가 불의에 습격하여 도륙하는 것이 그들의 장기다.

　오랑캐들은 전장에서 적의 머리를 베어 전과를 보고하는 것에 연연하지 않는다. 〔자편산者片山 밖에 어떤 오랑캐 군졸이 있었는데, 누르하치의 종으로서 자못 노련하고 건실한 자였다. 지난가을에 우리 일행을 찾아와서 사르후 전투 때 명나라 서로군의 전황에 대하여 자세히 말해 주었다. 명나라 군대의 한 부대는 극히 정예하고 용맹하여 후금 군대가 거의 감당할 수 없을 정도였는데, 앞다퉈 오랑캐의 머리를 베느라 전투에 전념하지 않았다. 오랑캐 하나가 쓰러지면 10여 명의 기병이 모두 말에서 내려 수급을 쟁탈했으니, 그래서 패전하게 된 것이다.〕 다만 용감하게 진격하는 것을 전공으로 치며, 겁을 먹고 후퇴하는 것을 죄로 여긴다. 〔오랑캐는 얼굴에 베인 상처가 있는 자를 최상의 전공자로 생각한다. 지위가 높거나 낮은 (여러) 오랑캐들이 모인 자리에 가 보면 얼굴이나 목에 흉터를 지닌 자가 매우 많은데, 이를 보면 그들이 여러 차례 전투를 겪은 것을 알 수 있다.〕

전공을 세우면 군졸을 상으로 주기도 하고, 노비나 우마, 재물을 주어 포상하기도 한다. 전투에서 죄를 지으면 죽이거나 가두고, 혹은 예하 군사를 빼앗거나 그 처첩과 노비와 가산을 몰수하기도 하며, 귀에 화살을 꿰거나 옆구리 아래를 화살로 쏘기도 한다. 이 때문에 전투에 임하여는 진격만 있을 뿐 후퇴가 없다고 한다.

외인 부대와 조선인

그 군대에 모여든 자들을 보면 6진의 번호, 홀온, 여허, 우지거, 몽골인, 한족(唐人) 등이 있다. 〔자편성 밖에서는 한족 남녀가 끊임없이 왕래했는데, 거의 오랑캐들의 반이나 되고 군졸이 된 자들은 모두 이영방에게 소속되어 있다고 한다.〕 이들은 모두 오합지졸이지만 오랑캐의 심복이 되기로 작정했으니, 이는 아마도 누르하치가 외국인을 잘 구슬리는 재주가 있기 때문일 것이다.

〔우리나라 사람들로는 동관진의 남녀와 건가토件可吐, 노토老土 부락을 정벌할 때 포로로 잡힌 자들이 있다. 허투알라 성 밖에 30여 집이 모여 살고 있는데, 이곳을 고려촌高麗村이라고 한다. 이번에 함락된 군졸들은 거의 모두 도망가 버렸고 남은 사람은 모두 노예가 되었으나, 군병이 된 자는 거의 없다. 오랑캐들이 서로 쑥덕거리기를 "호랑이나 표범은 길들일 수 있지만, 조선인은 길들일 수가 없다"라고 한다. ○ 지난해 5월에 군관 김흡金洽이 우리 군졸들에게 들은 말에 따르면, 우리 군졸들이 한 늙은 오랑캐 군졸을 만났는데 그가 우리나라 말에 능통했다. 그가 말하기를 "너희는 포로로 잡힌 것을 걱정하지 마라. 내가 예상하건대 오래지 않아 돌아가게 될 것이다"라고 했다. 그래서 어찌 이렇게 우리나라 말에 능통하냐고 물었더니 "나는 서울에 사는 양반으로

성이 정鄭이다. 기축년 정여립鄭汝立의 옥사 때 이곳으로 도망 와서 외촌外村 부락에 살고 있다. 아들 넷을 낳았는데 모두 군졸이 되었다"라고 대답했다. 그래서 곧 김흡을 시켜 그 오랑캐 군졸을 다시 만나 그의 이름과 인상을 상세히 알아 오라고 했다. 그러나 끝내 다시 만나지 못하여 아무것도 물어볼 수가 없었다. 김업종이 말하기를, 회령인 김범 등 두 명이 도적질을 하다가 오랑캐 땅으로 도망해 살고 있다고 한다. 이 밖에는 우리나라 사람으로서 오랑캐 땅에 도망해 들어간 자를 들어보지 못했다.〕

누르하치와 귀영가

누르하치의 사람됨은 의심이 많고, 사나우며, 위엄 있고, 포악스럽다. 비록 가족이나 예전부터 친애하는 자라도 조금만 거슬리면 즉시 죽였기 때문에 두려워하지 않는 자가 없다.

〔고자질하기 좋아하는 것이 오랑캐의 습속인지라, 아들이 아버지를 고발하기도 하고, 아내가 남편을 고발하기도 하며, 심지어 노비가 주인을 고발하기도 한다. 누르하치는 누가 옳고 그른지 따지지 않고 단지 먼저 고발한 자를 믿는다. 이 때문에 오랑캐들이 다른 사람과 이야기할 때는 반드시 옆에 증인을 세운 후에야 비로소 말을 한다고 한다.〕

누르하치가 죽은 후에는 틀림없이 귀영가가 아버지를 대신할 것이다. 모두들 귀영가의 관대함을 칭찬하니, 능히 민심을 얻을 것이라고 한다. 〔무릇 누르하치에게 죄를 얻어 죽게 된 사람들 중에서 귀영가가 목숨을 구해 준 사람이 많다고 한다.〕 귀영가의 용맹과 걸출함은 아마도 누르하치에게 미치지 못할 것이다. 홍타이지는 용기와 능력이 뛰어나 자못 전공이 많았으며, 거느리는 장수와 군졸들이 모두 날래고 용맹스럽다.

사酋는 많은 사람의 인심을 얻었고 전공이 많으며, 아들이 20명이나 되어 오랑캐들 중에서 극히 명성이 높다. 언가리는 매우 간사하고 교활하고 모략이 뛰어난데, 누르하치가 가장 신임하는 자라고 한다.

7대 원한과 요동 침공

대개 누르하치의 조부와 아버지가 요동총병 이성량의 유인에 걸려들어 참살되었기 때문에 오랑캐들은 명나라 사람을 조상 대대로의 원수라고 말한다. 그들이 최근에 명나라를 배반한 이유는 모두들 요동도사가 금표禁標 밖에 있는 오랑캐의 경작지를 빼앗았기 때문이라고 하는데, 이것이 7대 원한의 첫 번째 원한이다. 여허의 공주가 누르하치와 약혼을 했는데, 명나라에서 이 혼사를 파하고 몽골에 시집보내도록 했으므로, 이것이 두 번째 원한이 되었다. 무순에서 국경 무역을 할 때는 으레 오후 늦게 개장을 하는데, 매매가 끝나기도 전에 갑자기 명나라가 오랑캐 상인들을 쫓아내어 그들이 싣고 갔던 화물을 거의 다 잃어버리게 되었다. 이것이 세 번째 원한이다. 그리하여 오랑캐는 무순과 청하를 습격해 두 방면을 모두 빼앗고 개원과 철령까지 함락하자, 사람·가축·갑옷·무기 등 약탈한 것이 몇만이나 되는지 알 수 없었다. 또 북관의 여허를 멸하고, 그 장수와 군졸들을 모두 항복시켰다.

이제 옛 도읍지를 버리고 자편으로 옮겨 중원과의 경계에 견고한 성벽을 이어서 쌓고 있다. 한편으로는 농사를 짓고, 한편으로는 수비하면서 심양과 요양 사이를 출몰하여 번갈아 노략질하니 거의 남아나는 것이 없었다. 들으니, 근래에는 추수한 곡식을 대거 노략질했다. 이것은 명나라 사람들이 그곳에서 견딜 수 없게 하려는 계책이다. 누르하치가 매번 장수와 군졸들을 모아놓고 경계하여 말하기를 "지난번 승리는 하늘이 도운 것이다. 여러 번 승리할 것으로 믿지 마라. 우리가 요동을 얻은 후에라야 마음 놓고 살 수 있을 것이다. 너희는 마땅히 요동성 아래에서 모두 죽기로 결심해야 할 것이다"라고 했다 한다.

오랑캐 장수들이 모두 말하기를 "우리가 요동을 얻게 되면 조선과 서로 강화할 필요가 있겠는가? 홀온의 여진이 동관진을 격파하고 나니 조선에서 비로소 화해를 청하여 매년 녹봉을 넉넉히 지급하더라"라고 했다. 그들의 흉측하고 교활한 계책을 이루 헤아릴 수 없는 것이 이와 같다.

후금 방어 대책

나는 만 번 죽어야 할 처지에서 망령되이 가슴속에 품은 회포가 있어 삼가 여섯 조목으로 나누어 다음과 같이 열거한다.

산성 수축

첫째, 산성을 수축하는 일이다. 내가 오랑캐 도적들을 보건대, 모두 100여 차례 이상 전투를 겪었고 돌격하는 데 장기가 있어 평원의 평탄한 지형에서는 결코 그들과 전투를 할 수 없다. 성을 공격하는 기구도 또한 매우 우수하여 아주 험한 곳에 쌓은 산성이 아니면 방어할 수가 없다. 마땅히 변방의 요해처 가운데 적병이 공격할 만한 지형을 잘 선택하여 험한 곳에 성을 쌓고 군량을 많이 비축하여 필사적으로 지킬 계획을 세워야 한다.

내가 들으니, 이 도적들은 북방의 오랑캐[97]를 모두 건주 지방으로 이주시키고 약간의 부락들만 남겨 두었다. 그러나 6진은 오랑캐의 도성과 멀리 떨어져 있으니, 장차 비록 충돌할 염려가 있더라도 함경도로 나올 것 같지는 않다. 만포와 강계江界는 비록 중요한 고을이기는 하지만, 적유령의 험로는 극히 멀고 험난하므로 적들이 멀리 진격해 오지 못할 것이다. 가장 염려되는 것은 오직 창성, 삭주, 의주 지역이다. 창성으로부터는 시경時梗을 경유하여 운산에 이르고, 삭주로부터는 대삭주大朔州를 경유하여 구성에 이른다. 의주로부터는 용천龍川을 경유하여 철산鐵山에 이를 수 있다. 이 세 방면의 길은 참으로 국가 방어에 중요한 요해처가 되는 곳이다. 고려 때 거란과 몽골, 홍건적이 모두 구성, 삭주, 의주의 길을 경유하여 국내로 침입해온 것이 그 증거다.

창성, 삭주, 의주 3성城은 전에 이미 수축했으니, 방어가 가능할 것 같다. 시경과 대삭주, 구성, 철산에는 모두 옛 성터가 있어 지리적 이점이 있으니, 지금 마땅히 급히 수축하여 연결되도록 체제를 구축해야 한다 하물며 구성은 고려 때 박서朴犀가 방어진을 구축한 보장保障의 땅이므로 더욱 그렇게 하지 않을 수 없다.

나는 선조宣祖 을사년(1605, 선조 38)에 평안도 순무어사巡撫御史가 되어 압록강변 일대를 순찰하며 지형을 살펴왔다. 지금 막료의 일원으로 오랑캐

---

97 함경도 6진 북쪽에 살던 여진족으로, 흔히 '야인여진野人女眞' 혹은 '동해여진'이라고 했다. 오도리, 우지거, 올적합兀狄哈, 올랑합兀郎哈 등의 여러 부족이다.

땅에 깊이 들어와 그 도로의 원근을 살펴보니 적의 기병이 공격해올 곳이 이들 노선에 지나지 않음을 분명히 알게 되었다. 지금 군병을 집합시키는 때에 맞추어 성곽을 수축하면 천만다행이겠다.

군마 육성

둘째, 군마 행정을 강화하는 일이다. 내가 보건대, 오랑캐 도적들이 종횡무진으로 돌격하여 아무도 대적할 수 없는 것은 군마의 기동력 덕분이다. 적들은 깊이 쳐들어올 때 견고한 성은 힐끗 쳐다볼 뿐, 내지로 바로 공격하여 번개같이 왔다가 번개같이 돌아간다. 우리는 기회를 잡고 형세를 보아 과감하게 차단하기도 하고 추격하기도 하며 매복하여 엄습하기도 해야 한다.

그러나 갑주도 입지 않은 보병이 철갑을 두른 기병을 상대하게 된다면 대적할 수 없음이 명확하다. 이런 때를 위해 조금도 지체함 없이 군마 행정을 확립하고 무장 기병대를 편성해야 한다. 옛날 조나라 무령왕武靈王[98]은 기병 사수射手를 양성하여 동호東胡를 격파했고, 송나라 신하 이강李綱[99]은 말 수입을 건의하여 금나라를 제어하려고 했으니, 이것이 그 효과가 명확히 증명된 것이 아니겠는가!

내가 듣건대, 오랑캐들은 말을 기를 때 콩이나 곡식을 먹이는 법이 거의 없고, 항상 질주 훈련을 시켜 몸을 구부리고 회전하는 것을 사람의 뜻대로 할 수 있게 만든다. 조금 여가가 있을 때는 말의 고삐를 풀고 울타리 안에 풀어놓아 바람과 눈, 추위와 더위를 가리지 않고 들판에서 방목한다. 반드

---

98 중국 전국시대 조나라의 군주 조옹趙雍(기원전 340~기원전 295)을 일컫는다. 그는 재위 당시 '호복기사胡服騎射(오랑캐 옷을 입고 기병 사수를 양성함)' 정책을 추진하여 나라가 강성해졌다. 중산국中山國과 동북 지방의 몽골계 부족이었던 임호林胡와 누번樓煩을 토벌하고 장성을 쌓았다.

99 1083~1140. 북송 말기의 대신. 태상소경太常少卿, 병부시랑兵部侍郎, 상서우승尚書右丞 등을 거쳐 승상이 되었다. 1126년 이후 금나라가 침입했을 때 끝까지 강화를 반대하고 결사항전을 주장했다. 송나라가 남천한 이후에는 기병의 육성 등 혁신 정책을 추진하다 실각했다.

100 이 구절은 《예기》에 없고, 대신 "국가의 부유함에 대해 물으면, 땅의 수를 들어 대답한다(問國君之富, 數地

시 한 사람이 말 열 마리를 몰게 하는데, 그들이 말을 사육하고 조련하는 법은 이에 지나지 않는다. 그들의 말이 산과 언덕을 뛰어 오르내리며 굶주리고 갈증이 나도 피곤해하지 않는 것은 말의 성질을 순치시킨 데 말미암은 것이다.

우리나라에서 말을 기르는 것은 이와 다른데, 혹한에는 마의를 두껍게 입혀주고, 비나 눈이 오면 반드시 가려준다. 낮이나 밤이나 고삐를 매어 두고 항상 말구유를 달고 있으니, 달리는 것은 300~400보에 불과하다. 콩과 곡식을 밤이고 낮이고 거르지 않고 먹이기 때문에 말이 조금이라도 굶주리거나 목이 마르면 제대로 뛰지도 못하고, 조금 험한 곳을 만나면 쉽게 넘어진다. 또한 수말을 거세하지 않아서 발정이 나면 달아나거나 차고 물어뜯으며 채찍질을 해도 말을 듣지 않으니 더욱 전투에 합당하지 않다.

지금 마땅히 민간의 암말을 모두 모아 목장에 풀어놓고, 감목관監牧官을 잘 선임하여 제대로 번식하도록 해야 할 것이다. 수망아지는 서너 살이 되지 않을 때 몰아내 거세를 해야 한다. 건실하고 잘 달리는 말을 골라 모두 갑사甲士에게 지급해 사육하고 잘 조련해 전투에 합당하도록 만든다면, 10년이 지나지 않아 기병이 융성하게 되어 적을 막을 수 있을 것이다.

《예기禮記》에서는 "국가의 부유함에 대해 물으면, 말의 수를 들어 대답한다"[100]라고 했다. 《시경詩經》에서는 위衛나라 문후文侯[101]와 노魯나라 희공僖公[102]의 미덕을 찬미했으니, 모두 말을 잘 관리한 일을 말한 것이다. 군마 행정을 확립하는 일은 작은 일이 아니다. 기병을 양성하여 불우한 사태

以對"라는 구절은 있다. 《시경》〈국풍國風〉'용풍편鄘風篇'에 나오는 정지방중定之方中의 시 "내빈삼천騋牝三千"이라는 구절에 대해 주자가 《예기》를 인용하여 "問國君之富, 數馬以對"라는 주석을 붙였으나, 실상 《예기》의 내용과는 다른 것이다.

101 중국 춘추시대 위나라의 20대 군주였던 문공文公 희훼姬燬(재위 기원전 659~기원전 635)를 일컫는다. 문후의 즉위 초에는 말 네 마리가 끄는 수레가 30대에 불과했으나, 마정馬政에 힘써 중년에는 300대가 되어 나라를 중흥했다. 앞에 나오는 정지방중의 시는 그의 부지런한 정사를 칭송한 것이다.

102 중국 춘추시대 노나라의 18대 군주. 이름은 희신姬申(재위 기원전 659~기원전 627). 재위 중 정치에 심혈을

에 대비한다면 천만다행이겠다.

군사의 정예화

셋째, 군사를 정예하게 택하는 일이다. 듣건대 "군사는 정예한 데 힘쓸 뿐, 많은 데 힘쓰지 않는다"라고 했다. 군사가 정예하지 않으면 많을수록 더욱 폐단이 생긴다. 옛날에 진실로 적은 군사를 가지고 많은 적을 격파한 사례가 있었다. 이는 다름이 아니라 정예하면 용맹해지고, 쓸모없는 군사는 비겁해져서 그 차이가 현격하게 드러나기 때문이다.

우리나라의 군사 제도는 본래 직업 군사가 아니라, 농민을 모집하여 전장에 나아가게 하는 것이니 어찌 위태롭지 않겠는가! 근래는 군역의 고통 때문에 열 집에 아홉 집이 파산하는 지경이다. 이 때문에 백방으로 빠지기를 도모한다. 양반, 노예, 아전, 생도生徒, 장인匠人, 역졸 등등 각종 명색을 들어 빠져나갈 구멍을 찾는데, 이것이 모두 군역을 기피하는 구실이다. 또한 속오법束伍法으로 공노비公奴婢와 사노비私奴婢를 막론하고 한 사람에게 여러 가지 신역身役을 지워서 수탈이 극심하니, 대부분 파산한다. 이 때문에 부유하고 건실한 장정은 갖은 수단으로 군역을 면탈하고, 힘없는 사람들로 구차히 수만 채우니 실로 쓸모가 없다.

이렇게 되자 널리 무과武科를 시행하여 뽑으니, 그 수는 지나치게 많지만 모두가 약하고 무능한 자들이며, 씩씩하고 건장하며 무예를 갖춘 사람은 백에 하나도 되지 않는다. 대개 지금까지 무과에 급제한 사람은 수만 명도 더 되지만, 벼슬길로 나아갈 희망은 거의 없고 변방에서 방어해야 하

기울여 노나라를 비약적으로 발전시켰다. 《시경》〈노송魯頌〉 '경편駉篇'에는 "살진 말들이 들판에 있도 다!(駉駉牡馬 在坰之野)"라고 하여 마정에 힘쓴 것을 칭송하고 있다.

는 고역苦役만 있으니, 비록 재능 있는 용사라도 머리를 절레절레 흔들고 나오지 않는다.

법규가 느슨해지자, 혼잡하여 진위를 식별할 수 없는 간사한 무리가 요행을 바라고 전혀 활을 쏠 줄도 모르면서 남에게 대신 쏘게 하여 무과에 급제하고 있다. 이러한 무리를 가지고 적을 막게 한다면 또한 어렵지 않겠는가! 군대에서는 용사를 뽑지 않으면 패배한다고 했다. 내가 실제 전투에서 그 폐단을 보았으므로 더욱 정예한 군사를 선발해야 하는 이치를 알게 되었다.

병법兵法에서는 "큰 상을 내리면 반드시 사력을 다하는 군사가 나온다"[103]라고 했다. 만약 사람들로 하여금 변경 방어에 나가지 않으면 평생 안락과 현달을 이룰 수 없고, 죽어서는 처자식을 보호할 수 없다는 사실을 알게 한다면, 반드시 군대에 다투어 들어가려고 할 것이다. 전국에 명을 내려 사족士族이나 공노비, 사노비, 잡류雜類를 따지지 말고 건장하고 무예에 재능 있는 자들을 정밀하게 선발하고, 부역이나 조세를 일체 부담하지 않게 함으로써 그 처자식의 생계를 안정시켜야 한다. 변방에 투입한 후에는 의복과 양식을 넉넉히 주어서 따뜻하고 배부르게 하며, 절대로 졸병이 하는 일을 시키지 말고, 날마다 말을 타고 전투하는 훈련을 할 일이다.

방어에 투입한 지 몇 달이 지나면 품계를 올려 주거나, 노비 신분을 벗어나게 해 주거나, 또는 과거에 응시할 자격을 주도록 한다. 그 방어한 달수를 계산하되 규정을 명확히 하고 남발하거나 거짓이 없게 하고, 번을 나누어 차례차례 변경 방어에 투입해야 할 것이다. 만약 매년 변방을 방어하

---

103 《황석공삼략黃石公三略》 상편에 "좋은 미끼에는 잡히는 고기가 있고, 큰 상을 내리면 반드시 사력을 다하는 군사가 나온다(香餌之下, 必有懸魚; 重賞之下, 必有死士)"라고 했다. 황석공은 한나라 강소성江蘇省 사람으로, 도를 닦아 신선이 되었다고 전한다. 이 구절은 《서유기西遊記》를 비롯하여 많은 책에서 인용되었다.

여 승진하기를 바라는 사람들은 그렇게 해 주고, 6품에 이르면 병조兵曹에서 그 재능을 보아 능력에 따라 내직으로는 시위侍衛나 장사將士, 외직으로는 변장邊將이나 변방 수령에 임용토록 해야 할 것이다. 무관의 벼슬길을 이렇게 열어준다면, 사람들이 어찌 즐겨 지원하지 않겠는가!

그 사이에 혹시 재능도 없으면서 외람되이 충원된 사람이 있다면, 선발한 관원을 엄중히 조사하여 면제받은 조세와 부역을 추징하고, 그 품계를 삭탈하여 변방으로 보내 방어하게 해야 한다. 그렇게 한다면 반드시 무능하고 쓸데없는 무리를 구차히 충당하는 일은 없어질 것이다. 이를 전국에서 선발한다면, 비록 극히 엄밀하게 선발하더라도 그 수가 수만 명 아래로는 내려가지 않을 것이다. 그렇게 되면 충분히 적을 방어할 수 있을 것이고, 오늘날의 무과 출신이나 속오군과는 비교도 할 수 없을 것이다. 한나라 어양漁陽의 돌기군突騎軍이나 당나라 위박魏博의 아병牙兵은 천하무적의 군대였지만, 그 수효가 많았는가? 옛사람들이 "정예 군사 3만 명을 양성하면 천하를 횡행할 수 있다"라고 했으니, 용감하고 정예한 군사를 뽑아 변방을 방어케 한다면 천만다행이겠다.

변방 군사 육성

넷째, 변방의 군사들을 우대하는 일이다. 변방의 요새는 추위가 혹심하고 바람이 강하여 거기에 사는 사람들은 습성이 사납고 용감하다. 말을 달려 사냥하는 것은 바로 그들의 일상사다. 내지에서 투입된 군졸들은 그 풍토를 견디지 못하고 그 지형도 익히지 못하므로, 그 열 명이 토병土兵(현지

군인) 한 사람을 당하지 못한다.

나는 을사년(1605)에 압록강변을 순찰하면서 의주에서 강계까지 다녔는데, 토병들이 늙고 약한 자를 포함하여 모두 3000여 명 있었다. 무오년(1618) 겨울 변방에서 들어보니, 토병들이 대부분 흩어지고 도망하여 을사년에 비교하면 3분의 1이 줄었다. 지난해 심하에서 패전했을 때 토병 중에 죽은 사람이 400~500명이나 되었으니, 건장한 군사로서 남은 사람은 얼마 되지 않을 것이다. 군사로 징발한 후에도 그들을 헤아릴 수 없이 수탈했으며, 하물며 그만둘 수 있는 것도 면제해 주지 못한 것이 얼마나 되는지 알 수 없다. 그들이 흩어져 도망해버려 이제 변방은 텅 비게 되었다.

이제 마땅히 평안도 변방의 여러 고을에서 받는 조세나 부역은 감영監營과 병영兵營에서 받는 것이거나 여러 진鎭과 고을에서 받는 것이거나 일체 감면해 주어야 한다. 수령과 변장으로 하여금 무예를 조련하고 성곽을 보수하는 일 외에 '가혹하게 수탈하는 일(苛斂誅求)'에는 일절 간여하지 못하게 한다면, 변방의 백성들이 아마도 살아갈 희망이 있을 것이고, 내지에서 조세와 부역을 힘겨워하는 백성들이 다투어 변방으로 이사를 가려고 할 것이다.

또한 변방 백성들로서 내지로 도망해온 자들은 엄격히 조사하여 그들을 받아 준 자들과 함께 도로 이주시켜야 할 것이다. 모집 규정을 폭넓게 만들어 무사들을 변방에 채우고, 재능을 시험하여 발탁해 등용함으로써 변방 사람들의 마음을 위로해 주어야 할 것이다. 면포와 솜 등을 이 지역에 수송하여 나누어 주면서 잘 돌보아 준다면, 토병들이 부유해지면서 변방 또한 완전하고 충실하게 바뀔 것이다. 그런 후에 변방을 방어하는 정책을 강구하면 천만다행이겠다.

무기의 정예화

다섯째, 무기를 정밀하게 제조하는 일이다. 근래에 무기 제작에 전력을 기울이고 있는데 여러 고을에 월과月課의 법규[104]가 있고 무기 조달에 상을 주는 법도 있지만, 모두가 유명무실할 뿐이다. 갑주甲胄는 견고하지도 않고 정밀하지도 않아 무겁기만 하고 아귀가 맞지 않는다. 활과 화살, 칼과 창은 비뚤어지고 약하며 무디고 닳아서 쏘거나 찌르는 데 적합하지 않다. 포와 총은 네다섯 번 발사하고 나면 헐어서 깨져버리고 만다. 기타 여러 무기도 모두 쓸 만하지 않다. 전쟁터에서 직접 내 눈으로 보지 않았다면 무기들이 어찌 이렇게 심각한 상태인 줄을 알았겠는가.

옛사람이 말하기를 "무기가 완벽하고 예리하지 않으면 빈손이나 마찬가지요, 갑옷이 견고하고 치밀하지 않으면 웃통을 벗은 것과 같다"[105]라고 했으니, 이는 무기가 예리하지 않으면 군졸들을 적에게 넘겨주는 것이나 마찬가지라는 뜻으로, 참으로 지당한 말이다. 내가 일찍이 《북사北史》를 읽었는데 "화살이 갑주를 뚫고 들어가지 못하면 활 만든 사람을 베어 죽이고, 능히 뚫고 들어가면 갑주 만든 사람을 베어 죽인다"[106]라고 했다. 이 때문에 무기가 정밀하고 예리하지 않은 것이 없었다. 오랑캐 도적들은 무기를 군졸 각자가 준비하는데, 누르하치가 직접 점검하여 불량한 경우에는 처형하기도 한다고 하니, 이는 그들의 습속이 본래 그러했다.

---

104 조선시대에 무기나 화약 등의 제조 기관에 매월 할당량을 정하여 그 수를 채우도록 독려하던 법.
105 《한서漢書》〈조착전晁錯傳〉의 "兵不完利, 與空手同; 甲不堅密, 與袒裼同"을 인용한 것이다. 원래는 《관자管子》〈삼환參患〉의 "兵不完利, 與無操者同實; 甲不堅密, 與俴者同實"이라는 구절에서 유래한 것이다.
106 이 구절은 《북사》에는 보이지 않고, 《진서晉書》 제130권, 〈재기載記〉 제30권에 나오는데, "화살이 갑주를 뚫고 들어가지 못하면 활 만든 사람을 베어 죽이고, 뚫고 들어가면 갑주 만든 장인을 베어 죽인다(射甲不入則斬弓人, 入則斬甲匠)"라고 했다. 이는 5호16국 시대에 흉노족이 세운 하夏나라 혁련발발赫連勃勃의 신하 아리阿利의 말이다.

적을 막고 변방을 지키는 무기가 이와 같이 사용하기에 적합하지 않으니, 어찌 큰일을 해낼 수 있겠는가. 지금 의당 시급히 고쳐 만들어서 전투에 제대로 사용하도록 하면 천만다행이겠다.

무예 장려

여섯째, 무예를 연마하여 익히는 일이다. 내가 보건대, 오랑캐의 장거리 무기는 활과 화살에 불과한데, 가죽 활시위와 나무 화살은 60~70보밖에 날아가지 못한다. 철갑을 입은 기병이 달려들어 충돌하고 짓뭉개면 충분히 궤멸할 수 있다. 〔만일 강인한 활과 예리한 화살촉으로 100보 밖에서 제어한다면 그 예봉을 꺾을 수 있다.〕

조총은 지극히 좋은 장거리 무기지만, 장전하고 발사하는 것이 너무 더디다. 만약 성에 의지하거나 험한 지형에 의거하지 않는다면 손쓰기 어려울 것이고, 평원이나 쉬운 지형에서는 결코 승패를 다툴 수 있는 무기가 되지 못한다. 비록 왜적이 총을 잘 쏜다고 하지만 직산 전투에서 해총병解擁兵[107]이 철갑 기병으로 적을 유린했으니, 이것이 그 증거다. 작년에 우리 군은 오로지 포수砲手를 믿었으나, 적병과 충돌했을 때 두 번째 장전을 하기도 전에 오랑캐 기병이 이미 진중에 돌격해 들어왔다. 적의 갑주는 매우 견고하고 치밀하여 강한 활이 아니면 아마도 100보 밖에서는 관통할 수 없을 것이고, 만일 가까운 데 이른다면 상황을 막을 수 없다.

내가 일찍이 송나라 장수 오린吳璘[108]의 전기를 보니, (병사들이) 앞줄에서는 긴 창을 지닌 채 무릎을 꿇고 기다리며, 뒷줄에서는 강한 활과 쇠뇌

107 임진왜란 때 조선에 파견된 명나라 부총병 해생解生. 몽골족 혹은 만주족 출신 오랑캐로서 명나라 장수가 되었다. 1597년 정유재란 때 총병 마귀麻貴의 부장으로 조선에 파견되어, 직산과 소사 전투에서 큰 전공을 올렸다. 직위는 부총병이었으나, 조선에서는 총병으로 부르기도 했다.
108 1102~1167. 중국 남송南宋의 명장. 지장智將과 용장勇將을 겸했다. 금나라에 대항하여 진롱秦隴과 파촉巴蜀을 지켰다. 《병법兵法》 2편을 지었으나 전하지 않는다.

를 지니고 차례로 배열해 있었다. 적이 100보 밖에 이르면 서로 연달아 쏘는데, 화살이 메뚜기같이 날아가 적을 당도할 수 없게 만들어 사천四川의 촉蜀 지방이 완전히 보전되었으니, 이는 진실로 여진을 제어하는 방법이 될 수 있다.

지금 사수의 훈련은 반드시 120보에서 철제 과녁을 꿰뚫는 것으로 규정을 정해야 한다. 또한 적은 편전片箭을 가장 두려워하니 멀리 도달하여 갑옷을 뚫기 때문이다. 내가 진중에서 무인武人들을 보니 다수가 갑주와 투구를 견디지 못하고 좌우에서 지탱해주어야 하니 자못 움직이기 어렵다. 이는 비록 갑주가 불편해서라고 하나, 사실은 날마다 연습하지 않은 소치다. 지금 이후부터 무인을 뽑는 시험에서 활을 쏘거나 말을 탈 때 반드시 갑주를 갖추고 행하게 한다면, 평소에 연습했다가 전투에 임해 용맹을 발휘할 수 있게 될 것이니, 천만다행이겠다.

이상의 여섯 조목은 본래 기묘한 꾀나 특이한 계책이 아니며, 또한 높고 멀어서 행하기 어려운 일도 아니다. 착실히 준비하여 거행할 수 있다면 족히 적을 막을 수 있다. 또한 적은 한여름 장마철에 군대를 발동하여 침범하기를 일삼는데, 대개 사람들이 생각하지 못하는 때를 노리기 때문이다. 내가 파저강(동가강)을 지나며 적의 배를 보았는데, 7~8인을 태울 수 있으며 매우 날래다. 또 그들의 건장한 말은 깊은 물을 잘 건너니, 압록강이 길게 막고 있는 것으로는 충분히 믿을 것이 못된다. 변방에서는 매양 얼음이 어는 때는 경계하다가 얼음이 녹으면 다시 걱정하지 않으니, 이는 우려하지 않을 수 없다. 바라건대, 내 됨됨이가 비루하다 하여 내 말까지 버리지 말고, 특별히 밝게 살펴 비변사에서 채택하고 시행하기를 바란다. 이 글을 쓰고 보니, 감정이 격해지고 죄송한 마음에 온몸이 벌벌 떨려서 견딜 수가 없다. 삼가 100번 절하면서 죽음을 무릅쓰고 쓴다.

월강후추록 越江後追錄

〈월강후추록〉은 저자 이민환이 1620년 7월 17일 포로수용소에서 풀려나 귀국한
이후에 쓴 글이다. 〈책중일록〉 뒤에 추가해 붙인 것으로, 《자암집》 제6권에 수록
되어 있다. 당시 그는 항복한 것에 대한 책임 때문에 도원수 강홍립과 함께 탄핵
을 받는 중이어서 서울로 가지 못하고 의주에서 대죄待罪하고 있었다.

강홍립과 이민환 등이 탄핵받은 주요 죄목은 진중陣中에서 강화를 모색할 때
통역관을 보내 항복을 구걸했다는 것, 도원수 강홍립이 적 후방에 정탐할 사람을
보낸 것은 항복하기 위한 계책이라는 것, 좌영과 우영이 전력을 다해 싸울 때 중
영에서 구해주지 않았다는 것, 좌영장이 이민환에게 "도원수를 베어 죽이고 당신
을 주장主將으로 추대하여 결전을 하고 싶다"라고 건의했는데, 이를 따르지 않았
다는 것 등이었다. 또한 패전 후 조선 진영으로 피신한 명나라 장병들을 묶어 적군
에 넘겼다는 말도 있었고, 전쟁 후에는 '이민환과 오랑캐 사신이 국서를 가지고 우
리나라 국경에 도착했다'는 허위 보고도 있었으며, 그가 '머리를 깎고 오랑캐 옷을
입고 왔다'거나 '평양에서 기생을 끼고 술판을 벌였다'는 유언비어도 있었다.

이민환은 이 글에서 자신이 탄핵받은 죄목이나 유언비어에 대해 하나하나 변명
했다. 이것은 사실 그의 생사가 걸린 일이었다. 그는 이 모든 죄목이나 유언비어가
자신과 불화를 빚었던 평안감사 박엽과 군량 책임자 윤수겸 일파의 모략 때문이
라고 생각했다. 그는 패전의 근본적인 책임을 군량 조달의 실패 때문으로 보았는
데, 두 사람이 자신들의 과오를 은폐하기 위해 "군량이 고갈되었다"라는 자신의
보고를 거짓으로 만들고, 죄를 전가했다고 믿었다.

이러한 이민환의 주장이나 변명은 대부분 사실이었고, 근거 없는 유언비어가
많았던 것도 사실이었다. 그러나 그의 주장에는 애매한 점도 없지 않다. 이 자료는
그가 자신의 처지를 변호하기 위해 작성한 것이라는 점을 염두에 둘 필요가 있다.

이 글의 말미에는 그의 형인 경정敬亭 이민성李民宬이 아우의 처지를 한탄하며 변호한 시 두 편을 붙였다. 〈우분시憂憤詩〉와 〈제최척전후題崔陟傳後〉가 그것이다. 전자는 《경정집》 제11권에 수록되어 있고, 후자는 《경정집》 제4권에 수록되어 있다. 이 시들에는 후금의 포로수용소에 갇혀 있던 아우에 대한 연민과 그리움, 그리고 각종 모함에 대한 울분이 잘 담겨 있다.

일행이 평양에 도착하니 박 순찰사(박엽)가 군관을 보내 위로하여 말하기를, "가족들을 가둔 일은 본래 내 뜻이 아니었다" 운운했다. 그 후에 박엽의 당초 장계를 얻어서 보고 소문을 참조해 보니, 그 말과 논조가 기괴하고 변화무쌍하며 현란한 것이 이루 헤아릴 수가 없었다.

도강하는 날 원수가 조정에 장계로 품의했고, 이찬을 차출하여 연영장連營將(보급 부대장)으로 삼아 마부 5000명을 거느리고 순찰사와 분호조의 지휘에 따라 그로 하여금 군량을 지속적으로 공급하게 했다. 그러나 순찰사는 여러 번 독촉해도 오지 않았다(지금 들으니 3월 초3일에 비로소 창성에 도착했다고 한다). 삼군이 압록강을 건넌 처음부터 패전할 때까지 15일간 병참을 맡은 군대는 끝내 그림자도 보이지 않았고, 군량으로 도착한 것은 수십 석뿐이었다. 그리하여 재촉하는 공문을 보낸 것이 길에 연달았다. 나는 분호조의 군관 김준덕을 참수하여 각 영에 효시해 굶주린 군졸의 마음을 위로하고자 했고, 또한 분호조에도 서신을 보냈는데 그 내용이 매우 절실했다. 후에 나를 모함하는 사단이 오로지 여기에 있을 줄 어찌 알았겠는가!

지금 들으니, 조정에서 순찰사에게 하유한 것이 한두 번에 그친 것이 아니었다. 3월 5일 국왕의 유지有旨에는 "두 원수가 강을 건너면 강변 일대에 지휘관이 없게 되니, 경卿(박엽)은 창성에 들어가 병참 지원과 방비에 충실할 것을 지시한다. 공문이 여러 차례 왕래했으나, 전월 19일에 원수가 이미 강을 건넜는데 29일까지도 아직 평양에 있으면서 위급한 국난에 나설 뜻이 없다"라는 내용이 있었다.

같은 달 초8일 국왕의 유지에는 "우리 군대가 이미 수백 리나 오랑캐의 땅으로 들어갔다. 전투 진영에서 지휘하고 호령하는 일은 원수에게 속하는 일이나, 오직 마땅히 군량을 운반하여 지속적으로 보급해 각 군이 배불리 먹는 기쁨이 있은 연후에야 가히 전투에 임해 용맹을 발휘할 수 있다. 그런데 지금 원수와 분호조참판 윤수겸의 전후 장계를 보니 '재앙이 임박한 것이 눈썹을 태울 것 같다'고 하고, '주장의 호령이 없어서 짐을 나르는 군마가 태반 흩어졌다'고도 했다. 심지어 '유 제독은 우리가 군량이 없는 것을 핑계로 낙후하려 한다'고 하고, 또 말하기를 '반드시 처벌 논의가 있을 것이다'라고 했다 한다. 1만 3000여 군사를 먹일 군량이 끊기고 원수가 위급한 처지를 보고하는 것이 이에 이르렀으니 어찌 한심하지 않겠는가. 경은 원수가 강을 건넜다는 소식을 들었으면 마땅히 밤을 새워 변경으로 달려가 도내의 사람과 말을 모두 내어 운송을 재촉해서 군량 부족을 걱정하지 않게 해야 하는데도, 원수가 강을 건넌 지 10여 일이 지난 후에도 조정의 명령을 따르지 않고 평양에 누워 아직도 앞으로 나아가지 않았다. 그리하여 '짐을 나르는 군마가 태반 흩어졌다', '군량을 담당한 신하가 변경에서 지휘하지 않는다', '눈썹을 태우는 화란이 조석에 임박해 있다'는 말이 나오게 했다. 일을 맡은 신하가 어떻게 했기에 이처럼 군량이 부족하게 되었단 말인가? 어찌 국가의 안위가 한순간에 결정된다는 사실을 생각하지 않고 이렇게 남의 일 바라보듯 하는가? 뒷날 동로東路의 군병이 약속한 기간에 모이지 못해서 그 책임이 도독에게 미친다면, 도독은 필시 우리나라를 변명의 핑계로 댈 것이니, 그 화를 어찌 말로 다하겠는가? 경은 급히 말을 달려 윤수겸과 함께 협력하여 군량을 운반, 보급할 수 있도록 기반을 닦아라. 만일 군량 부족이 발생한다면 마땅히 보급을 담당하는 신하와 같은 죄를 받을 것이다"라는 내용이 있었다. 분호조에 하유한 국왕의 유지는 비록 보지 못했으나, 대개 칙유하신 엄한 내용이 이와 다르지 않을 것이다.

그때 일을 담당한 자가 너무나 황공하여 어찌할 바를 모르고 심히 우려했는데, 마침 심하에서 패전했다는 보고가 도착했다. 그러자 머리를 맞대고 거리낌 없이 보고서를 꾸며댔다. 심지어 원수가 군량이 끊겼다고 한 보고를 거짓이라고까지 했으니, 아마도 전군全軍이 패망하여 조사를 벌여도 증거가 없을 거라고 생각했기 때문일 것이다.

좌영 천총 신충업이 가장 먼저 탈출해 도망갔는데, 길에서 선전관宣傳官을 만나 좌영과 우영은 이미 전멸했으니 중영이 절대로 온전할 리가 없을 것이라고 상세히 말했다. 선전관이 이에 의거하여 급히 보고를 올렸기에 뒷날 신충업의 공초供招에는 손을 댈 수 없었다. 그 후에 김충남金忠男, 김경립金景立, 한충립韓忠立, 신기남愼起男, 지덕무池德武의 공초가 모두 하나같은 투식套式으로 사실을 조작했다. 이제 비로소 한두 가지를 말해 본다.

첫째는 진중陣中에서 강화를 모색할 때 향통사鄕通事[109] 하서국을 보내어 항복을 구걸했다는 것이다. 이때 하서국은 제독의 명으로 오랑캐의 소굴에 들어가 있었고 진중에 없었다. 여러 사람들이 마땅히 이를 모르지 않았으니 필시 이와 같이 공초하지는 않았을 텐데, 보고서를 꾸밀 때 하서국이 현장에 없었던 것을 생각지 않고 감히 억측으로 말을 꾸몄으니, 그 나머지 날조는 미루어 알 수가 있다.

둘째는 교 유격이 참나무 아래에서 목을 매 자살했다는 것이다. 교 유격이 몸을 던진 절벽에는 한 자의 나무도 한 마디의 가지도 없었기에 그 사실을 지우고 거짓을 만들어 낸 말은 모두 억측에서 나왔으며, 그들이 진술한 바가 아니라는 것은 이에 근거하여 알 수 있다.

그 후 도망 온 사람들이 사실에 따라 진술하자 이들이 어리석은 군졸이라며 서울로 올려 보내지 않았던 것이다. 심지어 제멋대로 장령들의 가족을 구금하기도 했다. 수령과 변장 중에서 윗사람들의 의향에 영합하려는 자들은 하는 짓이 똑같았다. 진술한 사람들은 문을 나선 후 다른 사람들에게 "진술한 내용이 모두 내가 말한 것이 아닌데 어찌 된 일인지 모르겠다" 라고 했다 한다. 게다가 밖으로 나온 원역들 중에는 화가 자신에게 전가되어 죄를 입을까 두려워 우물쭈물하면서 사람들의 말에 영합하는 자들도 간혹 있었다. 이응복, 황덕영, 황덕창은 적 중에 있으면서 망측한 일이 많았기에 일행이 매우 배척했는데, 달아나 돌아와서는 날조하고 모함하는 데 여력이 없었다. "좌영과 우영이 함락된 후 중영은 차분히 진영을 이뤄 군사들이 모두 전투를 벌이고자 했는데, 항복 절차가 어느 곳에서 나왔는

---

[109] 변경 지역의 현지인 통역관. 함경도 6진 지역에서 여진어를 통역하는 역관과 동래에서 일본어를 통역하는 향통사가 많았다.

지 알지 못하겠다"라고 했다.

그때 중영장 문희성은 상처를 입어 황덕영이 중군으로서 임무를 대행하고 있었다. 만약 실제로 투항 절차가 있었다고 한다면, 그가 어찌 그 내력을 모를 리가 있겠는가? 말을 몽롱하게 꾸민 간교함이 이보다 심할 수가 없다. 이응복은 말하기를, "오랑캐들은 모두 조선국의 아무개 재상"[110]이 강화를 저지하고 있다 한다"라고 했으니, 그는 오랑캐들의 말은 증거를 댈 수 없을 것이라고 여겨 방자하게도 터무니없는 말을 지어내 조정의 권력자들을 격분시켜 간계를 부리고자 한 것인데, 듣는 사람들이 제대로 살피지 못한 것이 통탄스럽다.

들건대, 당시 정승들의 상소에 대한 국왕의 비답에 "조금 아량을 보이라" 또는 "이것은 한 가문의 사사로운 일이 아니다"라고 했으며, 또 "이것은 이응복의 유언비어다"라고도 하셨다. 위대하다, 임금님의 말씀이여! 이것이 이른바 만 리 밖을 내다본다는 것이다. 유언비어가 한번 일어나니 백 가지 거짓말이 횡행했는데, 심지어 제독 유정과 도원수 강홍립이 비밀히 의논하여 정탐할 사람을 보낸 것을 가리켜 항복하기 위한 계책이라고 하기도 했다. 적을 보지도 못하고 승패를 알지도 못하는 상황에서 미리 항복을 계획했다고 하니, 이러한 이치가 있을 수 있겠는가?

좌영과 우영이 함락될 때 중영은 두 영과의 거리가 멀지 않았고, 높은 데 자리 잡고 아래를 손바닥 보듯이 내려다볼 수 있었는데, 적의 기병이 순식간에 6000~7000명의 군졸을 짓뭉개어 쓸어버리고 하나도 남기지 않았던 것이다. 그럼에도 좌영과 우영이 처음부터 끝까지 전력으로 싸울 때

---

110 당시의 실세였던 예조판서 이이첨李爾瞻을 가리킨다.

중영에서 구원해주지 않아 패전을 초래했다고 말하니, 이 또한 거짓이 아닌가.

또 말을 퍼뜨리는 사람에게서 들으니, 좌영장이 진중에서 중영으로 달려와 나(이민환)에게 말하기를 "도원수를 베어 죽이고 당신을 주장으로 추대하여 결전을 하고 싶다"라고 했으나, 내가 그 말을 따르지 않아 좌영장이 분해하며 꾸짖고는 자기 진으로 돌아갔다고 한다. 또 어떤 사람은 말하기를 "그것은 좌영장이 아니고, 바로 압록강 주변 출신의 백 아무개가 한 일이다"라고 했으나, 한번 웃을 거리도 되지 않는다.

좌영장이 당초 행군할 때 졸지에 적병을 만나 당황한 가운데 진영을 갖추느라 매우 상황이 급박했는데, 어느 겨를에 진을 나와 중영을 왕복했겠는가? 또 진중의 이목이 모두 세 장수의 휘하에 있었고 나도 원수의 진중에 있었으니, 어느 곳에서 원수를 베어 죽이자는 의논을 했겠는가? 또 압록강 주변 출신 토병으로 진중에 있었던 자들 중에 백씨 성을 가진 자가 있었는지 몰랐는데, 하물며 본래 이러한 일이 없었음에랴! 이러한 유언비어가 천만 가지로 나돌게 된 것은, 아마도 오랑캐의 땅에서 패전한 일은 딱히 증거로 댈 것이 없으므로 방자하고 꺼릴 것 없이 제멋대로 말을 지어냈기 때문일 것이다.

근래 고급사告急使[111] 홍명원洪命元이 북경에서 돌아왔을 때 군관을 보내 위로하면서 말하기를, "요양遼陽과 광녕廣寧 일대에서는 모두 우리 군사들이 오랑캐에게 함락된 후 포로수용소에 갇혀 있으면서도 끝내 굴복하지 않아 사람들이 찬탄해 마지않는다. 심지어 조선의 장수들을 '아무개 어른'

---

111 조선시대에 군사적으로 위급한 사정이 생기면 중국에 원조를 요청하러 보냈던 사신으로 두 사례가 있다. 1597년 3월 정유재란이 발발하자 권협權恢을 고급사로 삼아 요동에 보냈고, 1619년 12월에 후금이 침입할 기세가 보이자 홍명원을 고급사에 임명하여 북경으로 보냈다.

112 평안감사 박엽과 분호조참판 윤수겸을 지칭하는 것으로 생각된다.

113 1560~1623. 조선 중기의 문신. 선조 때인 1594년 문과에 급제했고, 1608년 광해군의 즉위에 공을 세워 부제학, 대사헌 등을 역임한 후 예조판서 겸 대제학에 올랐다. 대북大北파의 영수가 되어 1617년 인목대비의 폐모론을 주창했다. 1619년에는 후금과의 외교를 반대하고 명나라에 대한 신의를 강조했다. 1623년

이라고 부르지, 이름으로 부르지 않는다. 이런 말은 전후로 북경에 갔던 사신들이라면 듣지 못한 사람이 없었다"라고 했다. 요동은 오랑캐의 소굴과 멀지 않으니, 중국인 포로들 중에서 도망 온 자들이 끊임없이 있었을 것이고, 그들은 오랑캐의 땅에서 일어나는 일이라면 모르는 것이 없어서 수용소에 있던 사람들을 공경한 것이 이와 같았음을 말한 것이다. 그런데도 저들은 어떤 자들이기에 반드시 죄를 얽어 모함하려고 하는지, 통탄스럽지 않은가?

아마도 전후의 허망한 이야기는 두 사람[112]의 유감에서 시작되었고, 이응복에게서 격화되었으며, 이이첨李爾瞻[113]에게서 완성되었다. 그들이 서로 말을 전파하면서 갈수록 더 교묘해졌을 것이다. 이전 수용소에 있을 때 와언이 돌아 "이민환과 오랑캐 사신이 국서를 가지고 우리나라 국경에 도착했다"라고 했는데, 그때 체찰부體察府[114]에서 "서울로 올려 보내겠다" 하고 보고했으나[115] 결국 헛소문이 되고 말았으니, 사람들이 체찰부의 경솔한 거동을 비웃었다.

이것은 진실로 논할 것도 아니지만, 내가 살아서 돌아왔을 때 어떤 자들은 "머리를 깎고 오랑캐 옷을 입고 왔다"라고 했고, 다른 자들은 "한나라 때 흉노에 사신으로 갔다가 19년이나 잡혀 있으면서도 항복하지 않았던 소무蘇武[116]를 본받았다"라고 했으며, 또 어떤 자들은 "평양에서 기생을 끼고 노래판을 벌였다"라고 했으니, 어찌 말이 이 지경에 이를 수 있겠는가! 더구나 수천 리 떨어진 이역의 일이라 사람들이 보고 들을 수 없는데도 말이다!

인조반정 후에 세 아들과 함께 처형되었다.

114 조선시대에 군사적으로 위급한 상황이 생기면 이를 총괄 지휘하기 위하여 설치하는 임시 관서. 도체찰부都體察府라고도 한다. 정1품 의정 급에서 도체찰사를 선임하고, 정2품 이상 판서 급에서 부체찰사(체찰부부사라고도 함)를 선임했다. 도체찰사는 서울에서 전시 상황을 총괄하고, 부체찰사는 전투 현지에 파견되어 지휘했다. 1618년 4월 후금의 누르하치가 무순관撫順關을 함락하자 조선에서는 그해 6월에 좌의정 박승종朴承宗을 도체찰사로, 지중추부사 장만張晩을 부체찰사로 임명했다.

115 1619년 4월 의주에 있던 부체찰사 장만의 보고에 따르면, 오랑캐 차사와 이민환이 누르하치의 국서를 가

생각건대, 내 모든 처신이 사람들에게 믿음을 주지 못해 이런 일이 생긴 것이니, 그 누구를 원망하겠는가! 아아! 구르는 구슬은 사발에 닿으면 멈추고 유언비어는 지혜로운 자를 만나면 그치니, 〈책중일록〉의 마지막에 한두 가지 사실을 덧붙여서 지혜로운 자를 기다릴까 한다.

지고 나오므로 서울로 올려보내겠다고 하여, 비변사와 승정원에서 이민환의 처벌을 논의했다.
116 한漢 무제武帝 때 흉노에 사신으로 갔다가, 흉노 왕에게 사로잡혀 19년 동안 그곳에 있었으나 끝내 항복하지 않았다가 결국 풀려나 돌아왔다.

우분시 憂憤詩 (근심과 울분으로 지은 시)

- 경정敬亭 이민성李民宬

네가 오랑캐 땅에서 포로가 된 후 두 번 편지를 받았고

지난번에는 허許 수문장守門將으로 인해 비로소 참된 소식을 들었네.

행군이 부차 땅에 이른 것은 삼월 초나흘이었는데,

명군이 후금군과 전투를 벌여 빠져나가지 못했는데,

우리 군대가 감히 대항할 수 있었겠는가?

좌영과 우영이 패전하고, 삽시간에 중영을 핍박하여 철갑 기병이

세 겹으로 포위했네.

적장이 역관을 불러 강화를 하게 되니

네가 분연히 일어나 도원수와 부원수를 돌아보고 말했지.

"그대들은 마음대로 하시오. 내 뜻은 이미 결정했소."

칼을 뽑아 자결하려 했으나 조카 제륙에게 빼앗겼지.

위협 속에 끌려가 다음 날 오랑캐의 소굴에 들어갔네.

당초에 이미 죽지 못했으니, 하필 필부의 충정을 따르랴!

우선 두 원수의 뒤를 따라 오랑캐 수도를 정탐하려 했네.

두 장수가 교장敎場으로 갔으나, 너는 홀로 누워 나가지 않았지.

무릇 너의 계책이나 의견은 강 원수가 매번 묵살했지.

당초 압록강을 건널 때 네가 군량이 부족한 것을 근심하여

군량이 도달하면 전군全軍이 한꺼번에 출발하자고 했으나

원수는 네 말을 듣지 않아 극심한 굶주림에 시달렸지.

너는 군량 부족 때문에 평안감사를 비난했고,

담당 장교를 참수하려다 윤수겸과 틀어졌으니

평생에 친했던 사람이 하루아침에 원수가 되었지.

결국 도망쳐 온 군졸들의 공초에 멋대로 사실이 왜곡되었고

너의 실제 행적은 하나도 드러내지 못했네.

서울에서 미워하는 자들이 부추겨 죄를 백배나 더했으리.

감군監軍 교일기를 묶어 적군에 넘겼다는 말로 너를 죽이려 했네.

교일기는 밧줄을 묶어 스스로 목을 매고 언덕에 떨어졌으니

그 말은 깨뜨릴 수가 없었고, 전후로 증언이 일치했지.

또 네가 오랑캐 차사와 함께 우리나라에 온다고 와전되어

체찰부에서 서울로 급보했으니, 그 역시 경솔했네.

또 도원수 이하가 모두 머리 깎고 변발했다 했으니,

근자에 안 우후(안여눌)가 장계를 가지고 서울로 왔는데,

과연 삭발한 흔적이 있었다면, 사람들의 이목을 피할 수 있었을까?

너는 그때 간단한 편지를 부쳤는데, 근황이 자못 역력했네.

다른 말은 일체 없고, 편지 끝에는 만력萬曆 연호를 썼지.

비방은 진실로 근거가 없으니, 욕하는 사람도 역시 살피지 못했네.

지난번 지중止中[117]의 편지를 받았는데, 그의 말이 어찌 그리 박절한지!

네가 죽지 않은 것 때문에 우리의 치욕이 된다고 했네.

한의 소무는 19년이나 잡혀 있을 때 밤낮으로 절조를 지켰지만,

오랑캐의 부하가 되어 양을 쳤다는 말이 있어 지금도 구설을 면치 못하네.

당 안녹산의 난에 허원許遠[118]이 장순張巡[119]과 함께 죽지 못하니,

사람들이 반란군에 항복했다고 의심했네.

죽는 것이 혹 기러기 털처럼 가볍기도 하지만, 어떤 경우에는 태산보다 무겁다네.

일괄해서 한 가지로 논할 것이 아니요, 단지 그 결과를 보아야 하리.

저 비방하는 자들이 그 일을 당했다면 과연 어떠했을까?

하물며 나는 형제의 정이 간절하니, 공평하게 판정할 수 없다네.

정녕하신 임금님 분부가 내리시니, 받들어 읽고 세 번 절했네.

명나라에 대한 뜻이 태양같이 밝으니, 강화의 전략도 해롭지는 않았네.

만약에 생환이 이루어질 수 있다면, 수족의 정을 어찌 다할까!

돼지와 양을 잡고 이웃 사람 불러서 탁주를 마시리.

낮의 형색은 고단하겠지만, 밤에는 촛불을 밝히고

떠들썩한 세상 소리는 멀리하고, 단란하게 골육을 위로하리.

밭을 갈아 세금 내고, 부지런히 아이들 글 가르치고

---

117 이민성 형제와 친한 인물의 자字인데, 광해군 말기에 공조참의·병조참판·황해도관찰사 등을 지낸 김니金
    柅(1540~1621)의 자가 지중止中이지만, 그와의 관계는 알 수 없다.

118 709~757. 중국 당 현종 때의 휴양睢陽(현재의 하남성 상구商丘) 태수太守. 756년에 장순張巡과 함께 4개월간
    사수하다가 합락되자, 포로가 되어 낙양洛陽으로 끌려갔으나 끝내 항복하지 않고 죽었다.

119 708~757. 중국 당 현종 때의 장군. 755년에 안녹산의 난이 일어나자 그는 문관이었는데도 출병하여 반군
    을 토벌했다. 756년에 화북과 강남의 중간 요충이었던 휴양성을 태수 허원과 함께 4개월간 사수하다가
    장렬히 전사했다.

한가할 때는 작은 말을 타고 들판으로 날아가리.

아내는 밤을 굽고, 하녀는 고사리를 다듬어

미친 노래 부르며 진탕 마시고, 내 몸은 산야에 맡겨두리.

원컨대 백 년 안에는 이 목숨도 끝나리라.

드디어 오언시를 지어 '우분시憂憤詩'라 했으니,

오백구십 자에 글자마다 울분이 맺힌다네.

시가 완성되어 읊기를 마치니, 눈물이 구절마다 함께 떨어지네.

원컨대, 흰 고니 빌려 타고 서쪽으로 날아가 네 곁으로 떨어지리.

제최척전후 題崔陟傳後 (《최척전》[120]의 뒤에 씀)

- 경정 이민성

〔당시 상주의 한 선비란 사람이 스스로 〈최척전崔陟傳〉을 지었다며, 자암공紫巖公(이 민환)을 무함하는 말을 넣었다. 그래서 경정공敬亭公(이민성)께서 이 시를 지어 변증하 셨다.〕

괴이하구나! 〈최척전〉이여, 누가 지었는지도 모르겠구나!

실체가 있고 없고, 문장이 잘되고 못된 것은

지금 논할 겨를이 없고, 대략 그 심술을 타파하리.

최척이라는 자는 본래 남원(帶方)의 사족이고,

그의 처는 옥영玉英인데, 재주와 지혜로 배필이 되었다네.

난리 통에 모두 포로가 되어 일본국으로 헤어졌는데

이별과 만남은 아득히 예측할 수 없었네.

최척은 강소 · 절강성에 이르러 우연히 교喬 유격을 알게 되었고,

---

120 1621년 조위한趙緯韓이 지은 소설. 남원에 살던 최척의 부인 옥영이 정유재란 때 왜군에 포로로 잡혀가고 최척은 명나라 장수를 따라 중국에 갔다가 일본 상선에 실려온 옥영을 만났으나, 1619년 유격 교일기를 따라 심하 전투에 참전했고, 패전 후 포로로 잡혔다가 탈출, 귀국한 이야기다.

오랑캐 정벌에 따라갔다가 패전해 달아나 목숨을 건졌네.

옥영은 배를 타고 또한 고향으로 돌아왔으니,

파경 끝에 다시 만났고, 이별했다가 끝내 합쳤다네.

교 유격을 결박해 넘겼다고 내 동생을 연루시켰는데,

최척이 생환하여 증언했다고 말을 퍼뜨렸네.

패전 후 도망 온 사람들은 월강 즉시 수비대장이 공초를 받았고,

감사와 병사가 아울러 심문을 하는 것이라네.

평양부로 압송하여 낱낱이 엄하게 조사를 했네.

몇 년 몇 월 며칠에, 어느 곳의 누구누구인지

이천사백여 명을 하나하나 장부에 기록했네.

그런 연후에 임금님께 보고하고 비변사에 내려보내니

비변사에서는 그 사람을 불러 심문을 마친 후에야 고향으로 보냈네.

최척은 교 유격의 휘하에 있었으므로 다른 도망자와는 달랐지.

그 종적이 특이하니 마땅히 널리 전파되었을 터인데,

어찌 이 전기傳記가 나온 후에야 그 전말을 알았겠는가!

하물며 남원에는 본래 돌아온 사람이 없었음에랴!

아마도 풍문에 바탕했을 것이며,

반드시 사실에 근거한 것은 아닐 것이리.

아, 글이란 한두 가지가 아니니 때로는 희롱하는 이야기도 있고

오유烏有,[121] 자허子虛[122] 같은 가상 인물로 쟁패를 겨룰 수도 있지.

《태평광기太平廣記》[123]의 기이한 전설은 소설로서 해가 될 것이 없으니,

---

121 한나라의 사마상여가 지은 〈자허부子虛賦〉에 등장하는 가상의 인물.

122 〈자허부〉에 등장하는 가상의 인물. '자허오유'는 실제로 있지 않은 허구의 일이나 사람을 비유하는 고사성어다.

123 977~978년 송宋 태종이 신하들을 시켜 야사와 소설 등을 편집한 총서류. 모두 500권에 달하는 거질이며, 기이한 이야기를 많이 수록했다.

부러 허황하게 만들어 즐겁게 하고, 속임수를 만들어도 과하지는 않지.

어찌 이처럼 험한 말을 하면서 기회를 타고 사악을 부리는가!

막야莫耶의 보검[124]도 못 미치게 붓 끝이 날카로웠네.

비유하면 요리사가 칼과 도마로 마구 고기를 저며내는데,

비록 솜씨가 능란하고 민첩하더라도, 고기는 고통이 지독하리.

그 전기의 의도를 살펴보면, 바로 부처에게 아첨하기 위한 것이네.

부처를 과연 믿을 수 있다면, 응당 무간지옥에 떨어지리.

《주례》의 법에는 유언비어 지어내는 자들에게 내리는 형벌이 있는데,

아아, 지금은 다시 그것을 회복할 수 없는가!

---

124 막야는 중국 고대의 전설에 나오는 도검刀劍 장인 간장幹將의 부인. 남편이 오나라 왕에게 죽자 막야는 아들을 시켜 복수하게 했다. '간장막야幹將莫耶'는 보검을 칭하는 말이 되었다.

부록

〈건주기정도기〉는 조선 중기의 무신 신충일이 1596년(선조 29)에 누르하치가 세운 첫 도성인 건주의 퍼알라 성을 다녀와서 쓴 여행기 겸 보고서다. 이 보고서는 이민환의 〈책중일록〉보다 25년 앞서 쓰인 것으로, 후금이 성립되기 이전 건주 지역의 실정을 알려주는 중요한 자료다.

이 글의 서두에는 그의 여행 배경과 일정이 간략히 기술되어 있다. 즉 1595년에 누르하치가 사신을 보내 통교를 요청하자, 조선은 그 답사로 신충일을 건주에 보냈다. 신충일은 그해 12월 15일 강계에 도착하여 부사와 함께 여러 가지를 준비했고, 12월 21일 만포진에 도착했다. 여기서 오랑캐 안내인들을 기다렸다가 22일 그들과 함께 만포를 출발해 28일 건주에 도착했다. 신충일은 누르하치의 환대를 받으며 양국의 우호 관계를 다지는 한편, 건주 지역의 실정과 군사 정보를 탐문했다. 그는 다음 해 1월 5일 귀국길에 올라 10일경 만포에 도착한 것으로 보인다.

신충일은 여행 중에 경유한 산천과 지명, 여러 지역의 거리, 촌락의 다소, 군비의 유무 등을 자세히 기록한 그림 지도와 퍼알라 성의 약도를 남겼다. 그림이 있는 완본은 《연경재전집研經濟全集》 등에 수록되어 있고, 또 후손들이 보관해오던 책은 사학자 이인영에게 전해졌는데, 그 사진판이 국사편찬위원회에 남아 있다. 그는 이

지도와 함께 자신이 견문한 사항들을 94개조로 기록하여 조정에 보고했다.

이 94개조의 문견 사항에는 당시 누르하치의 근거지인 퍼알라 성을 중심으로 한 건주 지역의 지리, 취락, 풍습, 군사 정보 등이 서술되어 있다. 특히 흥미로운 것은 도성의 지형과 성곽 구조, 방어 시설, 수비 형태, 도성 내외의 취락, 누르하치의 용모, 두발, 의복이나 모자, 신발 같은 복식과 호위 체계에 관한 서술이다. 또한 누르하치와 동생 수르하치의 친족과 부하 장수들에 대한 정보, 병력과 지방 성채, 봉수 체계, 형벌 제도 등의 군사 정보도 많이 수록되어 있다. 여기에는 또 누르하치와 장수들의 관계, 그들의 접견과 연회, 대화 내용 등도 일부 수록되어 있다. 누르하치는 당시 명나라로부터 건주좌위도독과 용호장군 등의 직함을 받고 있었는데, 그 임기는 전자가 10년, 후자가 3년이었다.

당시는 아직도 여진의 여러 부족이 통일되기 전이었는데, 신충일이 들은 바에 따르면 전체 행정 구역 30위衛 중에서 누르하치에게 투항하여 귀속한 구역이 20여 위라고 했다. 본서에는 인근 여진 부족들의 위치와 그 거리 그리고 상호관계 등이 묘사되어 있다. 이들 중에서 특히 세력이 컸던 여허와 우라에 관련된 내용이 많다. 신충일은 현지에서 누르하치로부터 융숭한 대접을 받았고, 그 부하들과 왕래하면서 친교 관계를 맺기도 했다. 그들은 당시 조선과 여진족 사이에 벌어졌던 국경 침범과 분쟁에 대한 해결책을 논의하기도 했다. 그러나 그의 지위가 낮았기 때문에 확실하게 해결된 일은 별로 없었다.

* 신충일의 〈건주기정도기〉는 신하가 임금에게 올리는 서계書啓이므로 문장의 어투를 존대어로 써야 하겠지만, 이것이 하나의 여행기이고 현대 독자들이 읽기 쉽게 본문에서는 일반 서술문체로 번역했다. 다만 서두 부분은 존대법을 살렸다.

〈건주탐정기축(건주기정도기)〉

*《선조실록》 선조 29년(1596) 1월 30일 정유丁酉

남부주부南部主簿 신충일申忠一이 서계書啓를 올렸다.

"신이 지난해 12월 15일 강계에 이르렀는데, 마침 부사府使 허욱許頊이 방비 점검을 위해 경내에 있는 진보에 나가 있는 관계로 본부에 머무르며 그가 돌아오기를 기다렸습니다. 17일에 그가 관아로 돌아왔기에 드디어 그와 만나서, 변방 오랑캐의 실정에 대해 문의한 다음 여행에 필요한 물품과 비용을 마련하여 20일에 출발, 21일 만포진에 도착했습니다. 여기서 오랑캐 안내자가 오기를 기다렸는데, 날이 저물자 이파梨坡의 오랑캐 두목인 동녀을고童女乙古와 동퍅응고童愎應古 등이 나왔습니다. 22일 아침에 전첨사 유염柳濂이 회원관懷遠館에 나와 있었는데, 두 오랑캐를 불러 술과 음식을 먹이고 각각 쌀과 베를 선물로 준 후, 신은 향통사 나세홍羅世弘과 하세국(하서국) 그리고 진영의 관노 강수姜守와 신의 사노私奴 춘기春起 등과

166

---

1 1554~1622. 조선 중기의 무신. 1583년(선조 16) 무과에 급제하고 선전관, 강진·고산 현감 등을 역임했다. 1595년 남부주부로 있을 때 건주여진의 동정을 탐지하기 위해 현지에 파견되었다. 그해 11월 만포진에서 압록강을 건너 명나라 장수 여희원余希元과 함께 건주 도성에 들어가 그들의 동정과 산천, 풍습 등을 살펴보았다. 귀래해 〈건주기정도기〉를 작성하여 올렸다. 후에 김해부사, 부총관 등을 역임했고 사후에 영의정으로 추증되었다.

◉ 〈건주탐정기축〉에 그려진 만포와 황성(집안)
가운데 부분에 국내성과 광개토대왕비가 보인다.

함께 정오에 만포진을 떠나 얼음 위로 압록강을 건너 노추(누르하치)의 거주지[2]로 향했습니다. 22일부터 28일까지의 노정을 책에 기록합니다."

　1. 노추의 집은 소추小酋(수르하치)[3]의 집 북쪽에 있으며 남향으로 지어져 있었고, 소추의 집은 누르하치의 집 남쪽에 있으며 북향해 있었다.

　2. 외성의 주위는 겨우 1리이며, 내성의 주위는 2마장쯤 되었다.

　3. 외성은 먼저 석축을 쌓고, 그 위에 3~4척 높이로 쌓았으며, 또 연목椽木을 깔았는데, 이런 식으로 마무리를 지었다. 높이는 10척가량 되었고 안팎은 진흙으로 발랐으며, 치첩雉堞, 사대射臺, 격대隔臺, 호성자壕城子는 없었다.

167

---

2 이때 누르하치의 근거지는 후란하다(呼蘭哈達, hulan hada) 산의 퍼얼라 성(費阿拉城)에 있었다. 구노성舊老城이라고도 한다. 이곳은 누르하치의 첫 도성으로 1586년에 축성되었다. 1603년에 부근의 허투알라로 옮겼다.
3 소추는 누르하치의 동복 아우 수르하치(舒爾哈齊)를 조선에서 부르던 호칭.

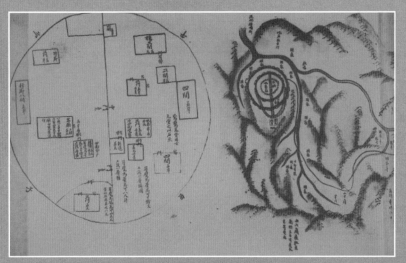

◉ 〈건주탐정기축〉에 그려진 구 노성(퍼알라 성)과 노추(누르하치)의 거주지 약도

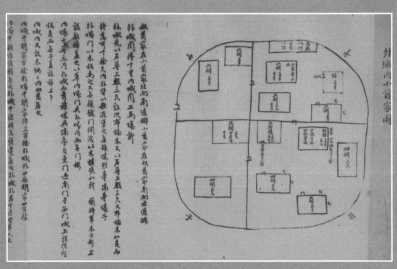

◉ 〈건주탐정기축〉에 그려진 외성 안의 소추(수르하치)의 거주지 약도

4. 외성 문은 나무판자로 만들었고 자물쇠가 없어 문을 닫은 뒤에는 나무로 가로질렀는데, 마치 우리나라의 장군목將軍木 형태와 같았다. 위에는 적루敵樓[4]를 설치하고 짚으로 덮었으며, 내성 문은 외성 문과 같고 문루門樓가 없었다.

5. 내성의 축조 역시 외성과 같은데, 원첩垣堞과 격대가 동문에서 남문을 지나 서문에 이르기까지 있으며, 성 위에는 관망하는 판옥板屋을 설치했고 지붕이 없으며 사다리를 놓아 오르내렸다.

6. 내성 안에 또 목책을 설치하고 그 목책 안에 누르하치가 살고 있었다.

7. 외성 안에는 오랑캐들의 집이 겨우 300채, 내성 안에는 100채가 있었고, 외성 밖으로 사방에는 집이 400여 채 있었다.

8. 내성 안에는 가까운 친족들이 살며, 외성 안에는 모든 장수와 친척들이 거주했다. 외성 밖에 사는 자는 모두 군인이라고 했다.

169

---

4 성문을 지키기 위해 양쪽에 세운 방어 시설. 적대敵臺라고도 한다.

9. 외성의 밑바닥 너비는 4~5척가량이며, 위의 너비는 2~3척가량이었다. 내성의 밑바닥은 너비가 7~8척가량이고 위의 너비도 같았다.

10. 성안의 샘물은 겨우 네댓 곳이 있었는데, 물줄기가 길지 못하기 때문에 성안 사람들은 시내에서 얼음을 채취하여 실어들이기를 아침저녁으로 그치지 않았다.

11. 저녁과 새벽에는 단지 삼통三通만 치고 별다른 순경巡更이나 좌경坐更을 하는 일이 없었으며, 외성 문은 닫고 내성 문은 닫지 않았다.

12. 오랑캐의 목책은 마치 우리나라의 울타리와 같아 집집마다 목책을 설치하기는 했으나, 견고한 것은 부락마다 서너 곳에 불과했다.

13. 성 위에는 방비하는 어떤 기구도 볼 수 없었다.

14. 누르하치의 성에서 서북쪽으로 중국 무순까지의 거리는 이틀 길이고, 서쪽으로 청하까지의 거리는 하루 길이며, 서남으로 애양靉陽까지의 거리는 사흘 길이고, 남쪽으로 신보新堡까지의 거리는 나흘 길이며, 그 남쪽으로 압록강까지의 거리는 하루 길이다.

15. 28일 미시未時에 누르하치의 집으로 가서 바로 그 목책 안의 객청客廳이란 곳에 도착하니 마신馬臣, 동양재佟羊才, 왜내歪乃 등이 찾아와 신을 보고 누르하치의 말로 전하기를, "험준한 먼 길을 오느라 고생했다. 그 후의가 실로 근실하므로 사례하여 마지않는다" 하고, 이어서 "서신을 가지고 왔느냐?" 하고 묻기에, 신이 답하기를 "우리 첨사께서 도독(누르하치)이 차장次將을 파견한 데 대해 통사나 군졸로 가벼이 답례할 수 없다 하여 나에게 회신을 가지고 오게 했다. 오는 도중에는 별로 어려운 일이 없었다.

무슨 노고가 있었겠는가?" 하고 드디어 회신을 꺼내어 주어 보냈다. 조금 후에 누르하치가 중문 밖에 나와 상견相見을 청하므로, 신은 누르하치의 앞에 서고 나세홍과 하세국은 신의 좌우에 섰다. 조금 후에 상견례를 행하고, 예가 끝나자 간략한 주연을 베풀었다. 마신을 시켜 객청에 와 신을 위문하고 신에게 그대로 객청에서 유숙하라고 말했다. 그러나 신의 생각에, 만약 여기 머물면 모든 오랑캐의 실정을 탐문할 길이 없을 것이라고 여겨서 핑계를 대어 말하기를, "몸에 질병이 많아 온돌방에서 조리하기를 원한다"라고 했더니 외성 안 동친자합童親自哈의 집에 숙소를 정해 주었다.

16. 우리가 입성入城하던 날 저녁에 마신이 동친자합의 집에 찾아와 말하기를, "말먹이가 밖에 있는데 미처 가져오지 못하여 보내줄 수가 없으니, 오늘은 그대가 제공하라"라고 했다.

17. 신이 여비 조로 가지고 간 놋쇠 화로(銅爐口) 두 개, 숟가락 스무 매, 젓가락 스무 쌍, 종이, 어물魚物 등을 가지고 마신에게 말하기를, "우리가 도중에 혹시 부족할까 염려되어 이 물건을 준비해 왔는데, 지금 별로 소용이 없으므로 도독께 바치려 한다. 내 생각이 어떠한가?" 하니, 마신이 답하기를 "해롭지 않은 일이다"라고 했다. 즉시 마신으로 하여금 누르하치 형제에게 보내게 했다. 누르하치 형제는 이를 받고 몹시 고마워했다고 한다.

18. 누르하치 형제가 마신과 동양재를 보내 날마다 아침저녁으로 문안하고 부족한 것이 있으면 수시로 요청하라고 했다. 어육과 술을 계속 보내왔고, 말먹이까지도 계속 보내와 떨어지지 않았다. 그리고 왜내는 날마다 혹은 하루걸러 찾아와 문안했다.

19. 마신의 본명은 시하時下이며, 동양재의 본명은 소시蘇屎인데, 지난해 여余 상공相公과 회합하는 일로 만포진에 나와 있을 때 이 이름으로 고쳤다고 한다. 왜내는 본래 명나라 사람인데 누르하치의 집에 와서 문서를 관장한다고 하였지만, 문리를 통하지는 못했다. 그 밖의 사람들도 글을 아는 자가 없었고, 또 글을 배우는 자도 없었다.

20. 29일에 수르하치의 형제가 신을 청하여 상견한 후 동양재로 하여금 간략한 주연을 베풀게 하고 위로했다.

21. 병신년 정월 1일 사시巳時(오전 9~11시)에 마신과 왜내가 누르하치의 말을 전해와 연회에 참석하기를 요청했으므로 나세홍, 하세국과 함께 가서 참석했다. 누르하치의 문족門族과 형제인친兄弟姻親 그리고 명나라 통사는 동벽東壁에 앉고, 몽골의 사할자沙割者, 홀가忽可, 과을자果乙者, 이마거尼麻車, 제비시諸僞時는 북벽北壁에 앉았으며, 우리와 누르하치의 여족女族은 서벽西壁에 앉고, 누르하치 형제의 처와 제장諸將의 처는 모두 남벽南壁의 온돌 밑에 섰다. 누르하치 형제는 남쪽의 동쪽 모퉁이 땅 위에서 서북쪽을 향하여 검은 의자에 앉았고, 제장은 모두 수루하치의 뒤에 시립했다. 술이 두어 순배 돈 후에 우라(烏拉, 兀剌, Wula) 부족에서 새로 항복한 장수 부자태夫者太[5]가 일어나 춤을 추었고, 누르하치도 문득 의자에서 내려와 비파를 퉁기면서 몸을 흔들었다. 춤이 끝나자 광대 여덟 명이 각각 재주를 보였는데, 그 재주가 몹시 생소했다.

22. 이날 연회가 시작되기 전 상견할 때 누르하치가 마신을 시켜 전언하기를, "지금부터 두 나라는 한 나라와 같이 지내고, 두 집은 한 집과 같이

172

---

5 16세기 말부터 17세기 초까지 해서여진 우라의 군주였던 부잔타이(布占泰, Bujantai)를 일컫는다. 1593년에 몽골과 여진 8부가 연합하여 누르하치를 공격할 때 선봉에 섰다가 패전하여 포로로 잡혀 누르하치의 도성에서 살았다. 1596년에 그의 형인 만태滿泰가 죽자 풀려나 우라의 군주가 되어 누르하치와 동맹을 맺었다. 1607년 동해여진의 복속 문제로 다시 누르하치와 대립했다가 1613년 패망하여 여허로 망명했다. 1618년에 객지에서 병사했다.

지내면서 영원히 우호를 맺어 대대로 변하지 말자"라고 했는데, 마치 우리나라의 덕담과 같았다.

23. 연회할 때 건물 밖에서는 나팔을 불고, 안에서는 비파를 퉁기며 퉁소와 피리를 불었다. 나머지 사람들은 모두 빙 둘러서서 창唱을 하면서 주흥酒興을 돋우었다.

24. 여러 장수가 누르하치에게 잔을 올릴 때에는 모두 방한모를 벗었고, 춤을 출 때에도 또한 방한모를 벗었는데, 수르하치만은 벗지 않았다.

25. 2일에 수르하치가 말 세 필을 보내와 신들을 청하기에 신들이 그 말을 타고 가서 연회에 참석했는데, 여러 가지 기구가 자기 형의 것에는 훨씬 못 미쳤다. 이날은 곧 우리 왕실의 제사 날이어서 그곳에 정황을 살피러 가기는 했으나 고기는 먹지 않았다. 수르하치가 간절히 권하므로, 신이 돌아가신 부친의 제삿 날이라고 둘러대었다.

26. 3일에 오랑캐 두목 동호라후童好羅厚, 동망자합童亡自哈과 여허의 추장 초기椒箕가 신을 초청하여 연회를 베풀었는데, 누르하치가 시킨 것이라 했다.

27. 동호라후가 연회를 파할 무렵에 애꾸눈 한 사람을 데리고 와 보이면서 말하기를, "이 사람은 산양회山羊會 근처에서 사냥을 하던 자다. 산양회 건너편 박시천朴時川은 새매를 잡는 곳인데 당신네 나라 사람이 몰래 엿보다가 훔쳐가는 일이 많다. 이를 금할 수 없는가?"라고 했다. 신이 답하기를 "어느 때 어느 곳 사람이 훔쳐 갔는가? 그 사람의 생김새는 어떠하던가? 우리나라는 법령이 몹시 엄격한데, 누가 감히 국경을 넘어가 당신들의 물

건을 훔치겠는가? 그럴 리가 만무하다"라고 했다. 그러자 동호라후의 말이 "근자에는 훔쳐 간 자가 없다. 만약에 혹시라도 있을 경우 특별히 금지하라"라고 했다.

28. 4일에 수르하치가 동양재를 보내 신에게 요청하기를 "군관이 여기에 온 것은 우리 형을 위해서만이 아니니, 나 역시 당신들을 접대해야 하겠다"라고 하면서 드디어 신을 그의 장수 다지多之의 집으로 맞이했는데, 다지는 곧 수르하치의 사촌형이었다. 이어 술자리를 베풀었다가 밤이 되어 파했다.

29. 다지가 우리나라 사람의 용맹함이 어떤지 동양재에게 묻자, 동양재의 말이 "만포에서 연회를 베풀었을 때 나열한 군사가 세셋 있었다. 등에는 화살통을 지고 앞에는 활집을 안았는데, 화살은 깃이 떨어지고 활촉이 없으며 활은 앞이 터지고 뒤가 파열되어 타국의 웃음거리가 될 뿐이었다. 이와 같은 무리라면 화살을 쓸 필요도 없이 한 자 되는 칼만 가지고도 400~500명은 벨 수 있는데, 오직 팔 힘에 한계가 있음이 유감일 뿐이다"라고 하면서 두 사람이 서로 낄낄대며 웃었다. 이에 신이 말하기를 "우리 첨사가 만일 군사의 위엄을 과시하고자 했다면 마땅히 사납고 정예한 군사와 강력하고 예리한 화살촉으로 크게 위엄을 떨쳤을 것이다. 양재가 본 것은 정규 군사가 아니라 뜰에서 시중드는 사람과 질서를 정리하는 자일 뿐이다"라고 했다.

30. 다지가 말하기를, "우리 왕자가 당신네 나라와 일가를 맺고자 하기 때문에 포로가 된 당신네 나라 사람들을 후한 조건으로 거래하여 다수를

돌려보내 주었다. 이처럼 우리 왕자는 그대의 나라를 저버리지 않았는데, 그대의 나라는 인삼을 채취하는 우리나라 사람을 많이 죽였다. 인삼 채취가 무슨 피해가 있기에 이처럼 사람을 죽이는가? 인정이 몹시 박하여 깊이 원한과 유감을 품고 있다"라고 했다. 이에 신이 답하기를, "우리나라의 법은 오랑캐가 무단히 우리 국경에 잠입하면 이를 도적으로 논죄한다. 하물며 너희 나라 사람이 어두운 밤에 수백 년 동안 오지 않던 땅에 난입하여 우마牛馬를 약탈하고 인민을 살해하는데 가만히 있겠는가. 산골짜기에 사는 우매한 백성들이 창황 중에 놀라고 겁을 먹어 자연히 서로 살해하게 된 것이니, 일의 형편이 그렇게 만든 것이지 하나의 인삼 때문이 아니다. 대개 우리나라가 오랑캐를 접대하는 도리는 성심으로 복종해 오는 자는 어루만져 도와주고 부드럽게 감싸 주지만, 금지된 국경을 함부로 침범하는 자는 도적으로 논죄하여 조금도 용서하지 않는다. 지난 무자년(1588, 선조 21)에 너희 나라에 기근이 들어 굶어죽은 자가 도로에 널렸었다. 그리하여 너희 무리가 귀순하면서 만포에 먹을거리를 구하는 자가 날마다 수천 명을 헤아릴 정도였다. 우리나라에서는 모두 술과 밥을 먹여 주고 또 쌀과 소금을 지급했으니, 이에 힘입어 살아난 자가 얼마나 많았던가. 그러니 우리나라가 애초부터 너희 무리를 죽이는 데에 뜻을 둔 것이 아니라, 오직 너희 무리가 함부로 국경을 넘어와 스스로 죽음을 맞은 것이다"라고 했다.

다지가 묻기를, "당신의 말이 사실이라면 위원渭源의 지휘관은 무슨 연유로 면직하고 치죄治罪했는가?"라고 했다. 신이 답하기를, "위원의 지휘관이 죄를 입은 것은 유독 너희 무리를 죽여서만이 아니다. 변방의 지휘관은 순찰하며 멀리서 감시하는 것이 직분인데, 그가 순찰하며 감시하는 것을 조심하지 않았기에 너희 무리가 우리 국경에 난입하여 인민과 가축을 많이 약탈한 것이다. 그 죄가 용서받을 수 없는 것이므로 이것이 결국 면직하고 치죄하게 된 까닭이다. 만약 너희가 우리나라 국경에 이를 때 제대로 감시하고 엄히 경계하여 국경을 넘지 못하게 했다면, 우리 백성과 너희가 모두 서로를 죽이는 환란은 없었을 것이다"라고 했다. 다지는 다시 할 말이 없어 엉뚱한 말만을 늘어놓았다.

31. 동양재가 말하기를, "당신네 나라는 연회를 베풀 때 왜 한 사람도 비단옷을 입는 자가 없는가?"라고 했다. 신이 말하기를, "의장衣章은 귀천을 분별하는 것이기 때문에 우리나라의 군사나 백성들은 감히 비단옷을 입지 못한다. 어찌 너희 나라의 위아래 없이 입는 것과 같겠는가?" 하니, 양재는 말이 없었다.

32. 다지가 다시 묻기를, "당신네 나라에 나는 듯한 장수 두 사람이 있다고 하는데, 과연 그러한가? 지금 어디에 있는가?"라고 했다. 신이 답하기를 "두 사람뿐만이 아니다. 남녘에 있는 자는 많지만 여기에 온 자는 두 사람이니, 하나는 벽동군수碧潼郡守이고 다른 하나는 영원군수寧遠郡守다. 남녘의 왜적을 이미 다 몰아냈기 때문에 그 용장들이 머지않아 이곳에 와 방비할 것이다"라고 했다. 다지가 말하기를, "내가 들으니 그들은 능히 날아다닌다고 하는데 사실이 그러한가?"라고 했다. 신이 말하기를 "그들은 두 손에 각각 80여 근의 장검을 들고 말을 달려 절벽을 오르내린다. 그리고 조그마한 창문을 빠져나가는데도 걸리지 않으며, 혹은 큰 내를 뛰어넘기

도 한다. 혹은 나뭇가지 위로 왕래하기를 평지를 밟듯이 하며, 혹은 며칠 길을 하룻밤 사이에 능히 왕복하기도 한다"라고 했다. 이에 다지가 "몇 보나 되는 너비의 시내를 건너뛸 수 있느냐?" 하고 묻기에, 신이 "파저강 정도는 뛰어넘을 수 있다" 하고 대답하니, 다지는 좌우를 돌아보고 혀를 내둘렀다.

33. 5일 아침에 왜내가 회신과 아울러 흑단黑段 단령團領 세 건, 초피貂皮 여섯 장, 남포藍布 네 필, 면포綿布 네 필을 가지고 왔기에, 신과 나세홍, 하세국이 각각 한 건을 가지고, 초피는 신과 나세홍이 각각 세 장씩 나누어 가지고 면포는 강수와 춘기에게 나누어 주었다. 수르하치가 또 흑단 단령 각 세 건, 검은 안장 마구 세 건을 신과 나세홍 그리고 하세국에게 보내왔다. 신이 왜내와 동양재에게 말하기를, "우리는 만포의 군관으로서 서신만 가지고 왕복한 것뿐인데, 무슨 일을 했다고 두 도독의 후한 예물을 받겠는가. 집안 하인에게까지 그 선물을 나누어 주니 더욱 미안하다. 이를 받아들일 명목이 없으니 도로 돌려주고 싶다"라고 하자, 왜내와 동양재가 각각 우리의 의사를 두 우두머리[6]에게 고했다. 두 우두머리가 말하기를, "전에 마신 등이 만포에 갔을 때 받은 예물의 수가 극히 많았는데도 마신 등이 사양하지 않고 받아 가지고 왔다. 지금 군관이 이처럼 사양한다면 받아온 마신이 어떻게 얼굴을 들겠는가. 하인에게 준 물건은 귀한 것이 못 된다. 단지 먼 길 가는 사람에게 노자를 건네는 뜻을 표했을 뿐이다"라고 했다.

이 말이 끝나기도 전에 한 오랑캐가 와서 매우 급하게 마신을 불렀는데, 얼마 뒤에 마신이 돌아와 "왕자가 말하기를, 포로들을 돌려보낸 보답은

---

6 누르하치와 수르하치를 지칭한 것이다.

다른 물건보다 벼슬로 제수해 주기를 바란다. 만약 조선이 벼슬을 제수해 준다면 상으로 한 자뿐인 베를 주더라도 오히려 받을 수 있지만, 만약에 벼슬을 제수해 주지 않으면 황금과 비단으로 상을 주더라도 원치 않는다고 하셨다"라고 했다. 신이 답하기를, "돌아가서 첨사에게 보고하겠다"라고 했다. 그들의 의사를 보니, 중국이나 우리나라와 우호 맺는 것을 다른 오랑캐에게 과시함으로써 모든 부족 앞에 위세를 보여 복종시키고자 하는 것 같았다.

또 말하기를, "모린위毛麟衛[7]의 오랑캐가 자주 당신네 지방을 침범한다. 운산雲山 건너편에 진영 하나를 설치하여 국경을 넘는 오랑캐를 막고자 하는데 어떠한가?"라고 했다. 신이 답하기를 "우리나라의 동북면은 여진족과 인접하여 단지 강 하나를 사이에 두고 있기 때문에 심상히 왕래하며, 귀순한 사람이 종종 강도짓을 하기도 하고 여러 차례 변란을 일으키기도 했지만, 서북면은 여진족이 사는 곳과 수백 리 떨어져 있기 때문에 국경을 넘어 해를 끼치는 일이 많지 않다. 너희도 두 귀가 있는데 어찌 익히 듣지 못했겠는가. 너희 도독도 필시 자세히 알고 있을 것으로 본다"라고 했다.

이에 마신이 그렇다고 인정하기에, 신이 묻기를, "이미 이와 같은 줄 알면서도 또한 진영을 설치하려는 것은 무엇 때문인가?"라고 했다. 그의 대답이 "지금은 우리 왕자가 모든 오랑캐를 통솔하여 진퇴를 호령하니 어찌 어길 리가 있겠는가?"라고 했다. 신이 말하기를 "그렇다면 지난해 김왜두金歪斗가 남변南邊을 침범했을 때는 도독이 단속한 처음인데도 이와 같았으니, 훗날의 일은 보지 않아도 알 수 있다"라고 했다. 그러자 그는 또 말

---

7 여진족의 한 부족. 함경북도 북쪽의 목릉하樓河, 수분하綏芬河 유역에 살다가 두만강 유역으로 이동했고, 다시 압록강 연안으로 이동했다가 16세기 말 누르하치의 건주위에 병합되었다.

하기를, "진영을 설치하는 것은 훗날 불화를 일으키는 단서를 만드는 것이다. 대개 이를 설치할 때 만약 처음에 잘하지 않으면 반드시 종말에는 후회가 있을 것이다. 그러나 이는 내가 마음대로 할 수 있는 일이 아니며, 다만 사세가 그와 같을 뿐이다"라고 했다. 마신의 말이 끝나기도 전에 왜내가 말하기를, "진을 설치하는 일은 회답 속에 자세히 말했으니, 그대는 돌아가 첨사에게 고하라. 그 회답을 기다릴 것이다" 하고, 드디어 신과 함께 성문을 나왔다. 동홀합童忽哈이 신을 그 집에 초청하여 술자리를 베풀어 전송했는데, 술이 두어 순배 돌았을 때 신은 날이 저물었음을 핑계하여 물러나 왔고, 홀합은 성 밖에 나와 전송했다.

34. 회신에 찍힌 도장을 살펴보니, '건주좌위지인建州左衛之印'[8]이라고 전각되어 있었다.

35. 출발할 때 몽골 장수 만자晩者를 내성 문 밖에서 만나 묻기를, "너희는 여기에 오래 있을 계획인가?" 하니, "우리도 7일에 돌아갈 것이다"라고 대답했다.

36. 정월 4일에 오랑캐 100여 기騎가 각각 병기와 양식 두어 말씩을 가지고 깃대를 세워 들고 북문으로 나가고 있었는데, 봉수대와 방어 초소를 살피러 간다고 했다. 기는 청색·황색·적색·백색·흑색으로 각각 두 폭씩 붙여서 만들었는데 길이는 두 자쯤 되었다. 5일에도 역시 이와 같이 했다.

37. 5일에 우리가 출발할 무렵 여을고汝乙古가 마신에게 말하기를, "곰 가죽과 사슴 가죽을 만포에 가지고 나가 팔아서 소를 사 농사를 지으려 하니, 그대가 왕자께 말하여 왕자께서 군관에게 이것을 말하도록 해달라"고 했다.

---

8 건주좌위는 여진족의 한 행정구역이다. 명나라가 1412년에 두만강 북쪽에 있던 여진족을 건주위에서 독립시켜 별도로 건주좌위를 만들고, 그 추장 맹가첩목아猛哥帖木兒를 지휘사指揮使에 임명했다. 그가 죽은 후 후예들은 요동 혼하渾河 상류의 소자하 쪽으로 이동하여 건주위의 이만주李滿住 부족과 합치게 되었다. 이후 명나라는 건주위에서 건주우위를 분할하여 건주삼위建州三衛를 만들었다. 누르하치는 원래 건주좌위 출신이었으나, 삼위를 합쳐 건주위 도지휘사都指揮使가 되었다.

이에 마신이 누르하치에게 고하니, 그가 말하기를 "조선에서 상경을 허락하기 전에는 너희가 결코 만포에 앞질러 가서 매매할 수 없다"라고 했다.

38. 12월 28일 누르하치의 성 밖에 이르렀을 때는 길이 10여 척씩 되는 아름드리나무를 소에다 실어 들이는 자가 길에 잇달았는데, 이는 외성에 목책을 설치할 나무라고 했다. 정월 5일 돌아올 때 보니, 운반해 들이는 수가 전일보다 배나 되었다. 역군役軍은 3~4일 걸리는 지역의 부락에서 집집마다 그 남정의 수를 헤아려 번갈아 부역에 나오는데, 1인당 열 개씩 운반한다고 했다.

39. 누르하치와 수르하치는 같은 어미의 소생이고, 모아초적毛兒貂赤[9]은 다른 어미의 소생이라고 한다.

40. 누르하치는 비대하지도 않고 수척한 편도 아닌데, 체구가 건장하고 코는 곧고 크며, 얼굴은 야무지면서 길었다.

41. 머리에는 초피(담비 모피)를 얹고 그 위에 방한모를 썼는데, 그 위에 꽂은 상모象毛가 주먹만 했다. 또 은으로 꽃받침을 만들고 그 받침 위에 인형을 만들어서 상모 앞에 장식했는데, 모든 장수들이 쓰고 있는 것도 역시 같은 모양이었다.

42. 옷은 5색 용문龍文의 철릭을 입었는데, 상의는 무릎까지 이르고 하의는 발등에까지 이르며, 초피를 재단하여 깃과 소매 가장자리를 둘렀다. 모든 장수 역시 용문의 옷을 입었으나, 깃 장식은 초피나 표피豹皮(표범 모피) 혹은 수달피 혹은 산서피山鼠皮(족제비 모피)로 했다.

43. 호정護頂(머리를 보호하는 둥근 모자)은 초피 8~9장으로 만들었다.

---

9 누르하치의 첫째 이복동생 무르하치(穆爾哈齊)를 일컫는다. 탁시(塔克世)와 서비庶妃 이가씨李佳氏의 아들. 후금 건국 초기의 공로로 다라성의용장패륵多羅誠毅勇壯貝勒에 추봉되었다.

44. 허리에는 은입사銀入絲 금대金帶를 두르고, 여기에 수건, 칼, 숫돌, 노루 뿔 등을 한 줄에 꿰어 찼다.

45. 발에는 녹피鹿皮 올라화(兀剌靴)를 신었는데, 황색 혹은 흑색이었다.

46. 오랑캐의 풍속은 모두 머리를 깎는데 머리 뒤쪽에만 조금 남겨 두 가닥으로 땋아 드리웠으며, 윗수염 역시 좌우로 10여 개만 남겨두고 모두 깎아버렸다.

47. 누르하치가 명나라에서 임명받은 관직의 임기는 도독은 10년, 용호장군龍虎將軍은 3년이다.

48. 누르하치가 출입할 때 특별한 의장儀仗은 없고 군뢰軍牢(호위병) 등이 길을 인도하는데, 두 명 혹은 네 명의 장수가 짝을 지어 누르하치가 타면 같이 타고, 누르하치가 걸으면 같이 걸으면서 앞을 인도했으며, 나머지는 모두 앞서기도 하고 뒤서기도 하면서 갔다.

49. 수르하치는 체구가 장대한데, 얼굴빛은 희며 네모졌고, 귀에는 은고리를 착용했으며, 복색은 형과 같았다.

50. 누르하치는 그의 집에서 남쪽의 대길호리大吉號里로 향하는 하루 길 지점과 북쪽의 여허로 향하는 하루 길 지점에 각각 하나의 보루(堡)를 설치했다. 서쪽의 요동으로 향하는 길의 하루 거리 지점에는 열 개의 보루를 설치했다. 이들 보루를 지키는 장수는 추장 급으로, 성안에 사는 자를 정해 보내되 1년이 차면 교체한다. 군사는 각 보루의 부근 부락에서 뽑아 보내 10일마다 교체한다고 한다.

51. 누르하치는 요동 근처를 제외한 나머지 북쪽, 동쪽, 남쪽의 3~4일

거리 안에 있는 각 부락의 추장을 성안에 모여 살게 했다. 군사를 동원할 때는 모든 추장에게 화살을 전하여 각각 그의 군사를 거느리게 하고, 무기와 군량은 군사들 스스로 준비하도록 하며, 징발하는 군사 수는 누르하치가 정한다고 한다.

52. 누르하치의 부하 장수는 150여 명이며, 수르하치의 부하 장수는 40여 명이다. 모두 각 부족의 추장들이며 성안에서 가족을 거느리고 살게 했다.

53. 봉수대의 군인은 2호의 가족을 함께 들여보냈다가 1년이 차면 교체하는데, 양식 등의 물품은 사람 수를 헤아려 달마다 누르하치가 준비해 보낸다고 한다.

54. 봉수대에서 변고를 알릴 때는 봉홧불을 쓰지 않고 목탁만 치는데, 이웃의 봉수대가 서로 알아차릴 수 있을 정도로만 치고, 서로 경보를 알린 후에는 문득 피하여 숨어버리니, 이는 적의 피해를 입을까 봐 염려해서라고 한다.

55. 도중에 한 오랑캐가 가재도구를 싣고 가족과 함께 가고 있기에 그 까닭을 물으니, 봉수대 지키는 일로 나간다고 했는데 자못 원망하는 기색이 있었다.

56. 양식은 각처의 부락에 둔전屯田을 설치하고 그 부락의 추장으로 하여금 경작 책임을 맡긴다. 곡식은 그곳에 쌓아 두었다가 필요한 때가 되면 가져다 쓰며, 성안에는 쌓아 두지 않는다고 한다.

57. 누르하치는 대길호리 건너편 박달령朴達嶺 북쪽에 작년부터 둔전을 설치하고자 했다고 한다.

58. 대길호리 건너편 인천忍川은 동아하童阿下의 농막인데, 지난해부터 영영 황폐해져서 버리게 되었다고 한다. 그 까닭을 물었더니, 길이 멀기 때문이라고 하는데, 아하阿下는 누르하치의 성안에 살고 있었다.

59. 전지田地가 비옥한 곳이면 1두의 조를 파종하여 8~9석은 수확할 수 있고 척박한 곳이면 1석도 겨우 수확한다고 한다.

60. 추수한 후에는 즉시 실어오지 않고 밭머리에 묻어두었다가 얼음이 언 후에야 실어온다고 한다.

61. 오랑캐들은 모두 물을 따라 살기 때문에 오랑캐의 집은 냇가에 많고 산골짜기에는 적었다.

62. 오랑캐들의 집은 옥상과 사면을 모두 진흙으로 두껍게 바르기에 비록 화재가 나도 초가지붕만 탈 뿐이다.

63. 집집마다 모두 닭, 돼지, 오리, 염소 등의 짐승을 길렀다.

64. 오랑캐들이 활, 갑주, 전투 식량을 가지고 오가면서 도로에 잇달았다. 이들은 바로 번을 들고 나오는 자들이라고 하는데, 모두가 나약하여 건장하고 용맹스러운 자가 하나도 없었다.

65. 누르하치는 형장刑杖을 쓰지 않고, 죄가 있는 자에게는 그 웃옷을 벗긴 다음 명적전鳴鏑箭[10]으로 등을 쏘는데, 죄의 경중에 따라 쏘는 횟수가 다르며, 또 뺨을 때리는 체벌도 있다고 한다.

66. 청하보淸河堡의 명나라 장수가 인부 예닐곱 명을 시켜 12월 28일 누르하치에게 주육酒肉을 갖추어 보냈는데, 이는 곧 세찬을 보내는 것이라고 한다.

67. 무순의 명나라 통역관이 누르하치의 집에 왔기에 온 까닭을 물으니,

183

---

10 쏘면 소리를 내며 날아가는 화살. 신호전信號箭으로 사용한다. 일반 촉 대신 소리가 울리는 촉을 장치했으므로 살상력은 약하다.

그가 대답하기를, "청하보에 새로 봉수대를 설치했는데, 누르하치가 이를 헐어 버리려고 했다. 이에 요동총병관이 그 부장인 당고리唐古里를 잡아다가 곤장 20대를 친 후 돌려보냈다. 그 후 누르하치가 화낼 것을 염려하여 은 500냥으로 그의 마음을 위로해 풀어 주려고 나를 시켜 먼저 이러한 의사를 고하게 한 것이다"라고 했다.

68. 명나라 통역관이 말하기를 "누르하치가 늘 요동에 총통銃筒을 달라고 요청해왔으나 허락하지 않았다"라고 했다.

69. 지난해 남도南道에서 변란이 일어났을 적에 고미개古未介의 추장 김왜두金歪斗가 군사를 거느리고 쳐들어왔다고 한다. 왜두의 아비 주창합周昌哈은 앞서 우리나라에 귀화했으므로 김추金秋로 성명을 주어 겸사복兼司僕에 소속시켰다. 서울에 있으면서 8~9년간 벼슬하다가 그 아비를 보러 간다는 핑계로 고향에 돌아가 나오지 않았다고 한다. 누르하치의 집에서 고미개까지의 거리는 6일이 걸린다고 한다.

70. 오랑캐들이 말하기를, "전일에는 출입하는 자가 반드시 활과 화살을 휴대해야만 서로 침해하며 노략질하는 환란을 피할 수 있었으나, 왕자가 단속한 후부터는 멀고 가까운 여행에 말채찍만 가지고 다녀도 되니 왕자의 위덕威德은 비길 데가 없다"라고 했다. 혹은 말하기를 "전에는 자의에 맡겨 행동하게 하고 또 사냥으로 생업을 유지했는데, 지금은 행동을 속박하고 또 사냥한 것을 바치게 한다. 비록 그를 두려워하여 말하지는 못하나 마음속으로야 어찌 원망이 없겠는가!"라고 했다.

71. 누르하치가 군사 3000명을 취합하여 얼음이 어는 즉시 일진은 말을

거령未乙巨嶺을 경유하여 고산리高山里로 나가고, 일진은 열어령列於嶺을 경유하여 가을헌동加乙軒洞으로 나아가 위원渭源에서의 원수를 갚으려 했다가, 요동총병관과 여 상공의 회유로 군대를 해산했다고 한다.

72. 위원에서 인삼을 채취하는 오랑캐들을 누르하치가 각 부락으로 하여금 색출하게 한 다음, 1인당 소 한 마리 혹은 은자 18냥을 징수하여 멋대로 강을 건넌 죄를 갚게 했는데, 그중 가난하여 은자와 소를 바치지 못하는 자는 그 가솔을 잡아다가 사환으로 부린다고 한다.

73. 신이 친자합親自哈의 집에 머물고 있을 때 오랑캐 네다섯 명이 왔기에, 그들의 말을 듣고자 하여 통사로 하여금 술에 취해 누워 자는 체하면서 몰래 엿듣게 했는데, 오랑캐 하나가 친자합에게 묻기를, "지금 이 군관이 무슨 볼일이 있어 왔는가?" 하니, 대답이 "두 나라가 한 나라와 같이 지내고 두 집이 한 집과 같이 지내기 위해서 왔다. 또 서신을 가지고 그 나라에 가서 고하여 위원 관병관管兵官의 죄를 다스린 후에 각각 봉강封疆을 지켜 서로 침범하지 말자는 것이다"라고 했다 한다. 이에 오랑캐 하나가 말하기를 "조선은 속임수가 많다. 얼음이 풀리기 전에 우선 신사信使를 왕래시켜 우리 군사를 느슨하게 하려는 것인지를 어찌 알겠는가. 또 조선 사람은 우리 나라에 와서 풀을 베어 가고 나무를 잘라 가고 사냥을 하며, 우리가 수확해 놓은 곡식도 모두 약탈해 간다. 저희의 소행은 이와 같으면서 어찌 우리에게 인삼을 캐지 못하게 하는가"라고 했다 한다.

74. 온화위溫火衛[11]의 도추장都酋長 동강구리童姜求里의 손자 보하하甫下下가 군사 1000여 명을 거느리고 함께 성을 지키다가 지금 철거했다고 하는

11 정식 이름은 희락온하위喜樂溫河衛, 희자올위喜刺兀衛 또는 희자오위喜刺烏衛라고도 했다. 두만강 유역 여진족의 한 부족으로, 1407년 명나라가 이 지역에 위소衛所를 설치했다. 후에 압록강 유역으로 이동했다.

데, 보하하가 성을 지킬 때 거느렸던 파산坡山, 시번時番, 소을가小乙可, 후지厚地, 소추所樞, 응고應古 여섯 부락은 모두 온화위에 예속되었다고 한다.

75. 온화위 마로馬老 부락의 추장 동타부童打夫가 군사를 거느리고 보하하와 함께 누르하치의 성에 와서 7개월 동안 머물렀다가 지금에야 철수했다고 한다.

76. 마신馬臣이 서울에 오는 일을 가지고 신에게 묻기에, 신이 "우리나라는 명나라의 법령을 철저히 따르는 터라 이런 일은 반드시 명나라에 알려 명나라가 허락하면 행하고 허락하지 않으면 행할 수 없다"라고 했다. 마신이 묻기를, "일이 진실로 이와 같이 되어서 만약 상경하게 된다면 도로의 형세는 어떠한가?" 하기에, 신이 "길이 멀고도 험하다"라고 답했다. 그러자 마신이 "양대조楊大朝 역시 멀고도 험하다고 하더라"라고 말했다. 양대조는 여 상공의 야불수夜不收[12]로서 하세국과 함께 오랑캐 땅에 왕래하던 자다.

77. 마신이 묻기를, "당신네 나라 연해 지방에는 항복한 왜인倭人을 머물게 한다고 하는데 사실인가?" 하기에, 신이 사실이라고 대답했다. 마신이 또 "그 수가 얼마나 되는가?" 하기에, 신이 "약 5000~6000명이다"라고 답했다. 마신이 "무엇 때문에 압록강 변경 지방에 머물게 하느냐?" 하고 묻기에, 신이 "왜노가 덕의德義를 사모하여 항복해 왔으므로 우리나라가 이들에게 모두 의식을 주어 안정시켰다. 그들이 이 은혜에 감복하여 변경에 머물면서 나라를 위해 외침을 방어하고자 하므로 우리나라가 그 정성을 가상히 여기어 압록강 일대의 여러 고을에 나누어 배치했다"라고 대답했다.

186

---

12 명나라 때 요동 지역 군영에서 정보 수집이나 방첩 활동 등 특수 공작을 펴기 위해 양성한 특무부대원.

마신이 또 말하기를, "왜인들의 체격이 장대하다고 하는데, 과연 그러한가?" 하기에, 신이 "체구가 몹시 작아서 풀숲 사이를 숨어 다닐 수 있고, 총을 쏘면 반드시 명중한다"라고 했다. 마신이 또 "아무리 작은 물건이라도 잘 맞히는가?" 하기에, 신이 답하기를 "왜인의 총은 능히 날아가는 새도 맞힐 수 있기 때문에 조총이라고 한다"라고 했다. 마신이 쇠로 된 투구를 내보이면서 말하기를, "이 투구도 뚫을 수 있는가?" 하기에, 신이 "조총의 탄환은 능히 박철薄鐵로 씌운 이중 참나무 방패도 뚫는데, 이 투구야 어찌 말할 게 있겠는가?"라고 했다. 마신이 "어찌 그럴 수 있는가!"라고 했다. 좌우에 서서 듣던 오랑캐들도 서로 돌아보면서 놀라운 기색을 띠었다.

78. 수르하치가 말하기를, "훗날 당신의 첨사가 예물을 보내는 일이 있다면, 우리 형제에게 차등을 두지 마라"라고 했다.

79. 건주위는 서쪽의 요동 경계에서 동쪽의 만차 부락에까지 이르는데, 우리나라의 지방으로 준하여 따지면 서쪽 창성에서 동쪽 고산리까지 이르는 지역으로 좌위左衛에 속하며, 노강老江[13] 위의 우위右衛는 해서위海西衛의 지경이라고 한다.

80. 온화위는 서쪽 여파黎坡 부락에서 동쪽 고미개 부락까지라고 한다.

81. 모린위는 함경북도 건너편이 된다고 한다.

82. 몽골에서는 수레 위에 집을 짓고 모피로 장막을 치는데, 배가 고프면 전육膻肉을 먹고 목이 마르면 낙장酪漿을 마신다고 한다.

83. 몽골에서는 봄에 밭을 갈 때 평야에 인마人馬를 많이 모아 그들로 하여금 여러 번 밟아대면서 분예糞穢를 버려 비옥하게 한 후에 기장과 조 그

---

13 해서강海西江이라고도 하는데, 현재의 송화강松花江이다.

리고 수수 종자를 파종하고 또다시 인마로 밟게 하며, 김매고 가꾸거나 수확을 할 때에는 군인을 시켜 돕게 한다고 한다.

84. 몽골인은 모두 모피로 된 옷을 입는다.

85. 모린위의 추장 노동老佟이 전마 70필과 돈피獤皮(담비 모피) 100여 장을 예물로 바쳤는데, 12월 초승에 투항했다고 한다.

86. 마신이 말하기를, "위衛는 모두 30위인데, 투항하여 귀속한 것이 20여 위다"라고 했다.

87. 누르하치의 성에서 몽골 왕 나팔(刺八)이 있는 곳까지는 동북쪽으로 한 달 노정路程이고, 차장次將 만자의 부락까지는 12일 노정이고, 사할자沙割者 · 홀가忽可 · 과을자果乙者 · 이마거尼馬車 · 제비시諸㦿時의 다섯 부락은 북쪽으로 15일 노정인데 모두 금년에 투속投屬했다고 한다. 그리고 나온(刺溫)은 동북쪽으로 20일 노정이며, 우라는 북쪽으로 18일 노정, 백두산은 동쪽으로 10일 노정이라고 한다.

88. 여허의 추장인 부자夫者와 나리羅里 형제가 누르하치의 강성을 걱정한 끝에 몽골 왕 나팔과 우라의 추장 부자태 등의 군사를 청하여 계사년(1593, 선조 26) 9월에 내침했다. 누르하치가 군사를 거느리고 허제虛諸 부락을 에워싸고 싸워 여허의 군사를 대패시켰으므로 부자는 전사하고 나리는 도주했으며, 부자태는 투항했고, 노획한 사람과 가축, 갑주가 헤아릴 수 없이 많았다. 누르하치가 포로로 잡은 몽골인 스무 명을 뽑아 비단옷을 입히고 전마에 태워 그들의 소굴로 돌려보내니, 그들이 돌아가 누르하치의 위덕威德을 말했다. 이 때문에 나팔이 차장인 만자 등 20여 명으로 하여

188

금 오랑캐 100여 명을 거느리고 전마 100필, 낙타 열 마리를 가지고 가서 바치게 했다. 이에 말 60필과 낙타 여섯 마리는 누르하치가 갔고, 말 40필과 낙타 네 마리는 수르하치에게 주었다. 누르하치는 그 몽골 장수들을 모두 후대하여 비단옷을 내렸다고 한다. 누르하치의 집에서 북쪽으로 허제에 이르는 거리는 3식息(1식은 30리)이라고 한다.

89. 부자태가 투항한 후 그 형 만태晩太가 말 100필로 아우를 환속하려 했으나, 누르하치가 허락하지 않아 만태 역시 투속했다고 한다. 부자태가 누르하치의 성에 머문 지 3년 만에 20여 명의 가족 모두를 12월 보름 전에 비로소 데려왔다고 한다.

90. 계사년에 여허 등의 군사가 참패한 후로 원근의 모든 부락이 계속하여 투항해 왔다고 한다.

91. 여허의 오랑캐는 대부분 흰색 모피 옷을 입었다.

92. 여러 오랑캐 중 몽골, 여허, 우라 등이 가장 강하다고 한다.

93. 12월 29일 수르하치의 집에 한 어린아이가 있었는데, 자신이 감파인 甘坡人이라고 했다. 1월 4일에 여인 복지福只가 말하기를, "임해군臨海君의 종으로 임진년에 경성鏡城에 있다가 반노班奴 박기토리朴基土里와 함께 포로가 되어 결국 여기에 전매되어 왔다"라고 했다. 또 6일 동수사리童愁沙里 부락에서 유숙할 때 한 남자를 보았는데, 그가 말하기를, "오촌吾村의 갑사 박언수朴彦守인데, 임진년 8월 오랑캐 30여 명이 뜻밖에 돌입했을 때 배수난裵守難, 하덕인河德仁, 최막손崔莫孫 등과 함께 동시에 납치되어 백두산 서쪽 산기슭을 넘은 지 3일 반 만에 와을가臥乙可 부락에 도착했고, 10일이

못 되어 여연汝延 아즐대(牙叱大)의 집에 전매되었다. 지난해 겨울에 또 누르하치의 성안에 있는 동소사童召史의 집에 와서 곡물을 수송하는 일로 여기에 왔다"라고 했다. 와을가에서 여연에 이르기까지는 8일 노정인데 그 중간에는 인가가 없으며, 여연에서 누르하치의 성에 이르기까지는 6~8일의 노정이라고 한다. 신이 이 세 사람을 만나 그들이 보고 들은 모든 오랑캐의 실정을 자세히 묻고 싶었으나, 문답할 때 오랑캐들이 의심하지 않을까 염려되어 단지 하인으로 하여금 물어보게 하고 신은 듣지 못하는 체하고 있었는데, 오랑캐가 그 사람들을 불러내 오래 머물지 못하게 했다.

94. 예전에 마신과 동양재가 만포진에서 받아간 상품을 누르하치 형제가 모두 빼앗았으므로 그들이 불평하는 기색이 있었다.

정충신의
〈건주문견록建州聞見錄〉

정충신의 〈건주문견록〉은 그가 1621년 8~9월에 조선의 차관으로 후금의 임시 수
도인 요양에 다녀온 후 조정에 올린 보고서다.《광해군일기》제169권, 광해군 13
년(1621) 9월 10일 무신戊申 조에 원문이 실려 있다. 이 보고서는 이민환이 만포로
귀환한 그다음 해에 이루어진 것으로 〈책중일록〉의 후속편과 같은 자료다.

1619년 3월 심하에 출병했다가 패배한 조선은 누르하치의 강력한 요청에도 여
러 핑계를 대고 후금에 국서를 보내지 않았다. 그러나 1621년 3월에 누르하치가
심양과 요양을 공략하여 요동 전체를 장악하자 후금과 강화를 모색하지 않을 수
없었다. 또한 당시 후금의 군사 동향이나 침략 계획 등을 탐지할 필요도 있었다.
그래서 정충신을 차관으로 보낸 것이다.

정충신을 후금에 차관으로 보내자는 논의는 심하 패전 직후부터 있었다. 당시
광해군은 정충신이 변방의 장수로서 영리하고 유능하며 북경과 일본에도 다녀온
적이 있어 후금과의 외교에 적임자라고 생각했다. 그러나 신하들이 반대하여 그
의 파견을 미루고 있다가 1621년 6월에 그를 차관으로 임명하고 많은 예물을 주
어 보내게 되었다.

정충신은 8월 28일 만포를 출발하여 10여 일 만에 요양에 도착했다. 그러나 누

르하치는 그가 국서를 가지고 오지 않았다 하여 만나 주지 않았고, 부하들을 시켜 접대하게 했다. 정충신은 4~5일간 요양에 머물면서 '불가침 보장' 등 조정의 지시 사항을 구두로 전달하고, 후금의 군사 동향을 탐지했다.

언가리 등의 후금 장수들은 종전의 요구를 되풀이하고, 또 조선의 태도를 들어 힐문했다. 그들의 요구는 '두 나라의 우호를 위해 맹약을 시행할 것', '후금의 차관을 서울로 보내게 허용할 것', '국서에 대한 답서를 보낼 것' 등이었다. 또 그들은 후금과 조선이 동맹할 경우 명나라를 어떻게 할 것인지, 조선이 후금의 차관을 거부하는 이유, 조선이 답서를 보내오지 않은 이유, 조선이 명나라에 보낸 외교 문서에 후금을 "불공대천의 원수"라고 표현한 이유 등을 따졌다.

이에 대해 정충신은 단호히 조선의 상황을 설명하거나 노련하게 둘러대면서 답변했다. 그는 조선이 후금의 국서에 가벼이 답하지 않은 것은 이를 중히 여긴다는 뜻이며, 우호를 위해서는 신의가 중요하지 맹약이 중요한 것이 아니며, "불공대천의 원수"라는 것은 명나라의 문투를 답습한 것에 지나지 않는 것이라고 변명했다. 이러한 해명에 후금의 장수들은 반신반의하면서도 대체로 수긍했다.

정충신은 요양에서 10여 일 머물다가 9월 10일 의주로 돌아왔고, 여행 경과와 후금의 팔기군 조직, 최근의 군사 동향, 후계자를 둘러싼 암투 등 탐문 사항을 보고했다. 그것이 바로 이 문견록이다. 그가 돌아올 때 후금에서는 그에게 백금 열 냥과 호피狐皮 두 벌 그리고 말 한 필을 주었고, 수행원들에게도 노자로 은 한 냥씩을 주었다. 그는 조정에 보고한 후에 용천에 들러 명나라 장수 모문룡에게도 자신이 탐지한 정보를 통지해 주었다.

만포첨사 정충신鄭忠信을 보내어 오랑캐의 진영에 화친의 뜻을 전했다. 심하에서 패전한 이후로 오랑캐가 우리나라에 쳐들어올 것이라 늘 걱정하면서도 능히 스스로 강하게 하려는 계책은 세우지 않았다. 오직 당장 오랑캐의 군사가 출동하는 것을 늦추도록 하기에 급급하여 충신을 오랑캐의 진영에 보내면서도 모문룡이 알까 두려워 몰래 왕래하도록 했다. 이에 정충신이 상소했다.

"건주 오랑캐[14]들이 하늘을 거역하여 참람하게도 연호[15]를 쓰기까지 하고, 날로 세력이 강대해져 명나라를 잠식하고 있다. 또 우리나라를 침략하려고 계속 으르렁대고 있다. 그러나 우리는 병력이 미약하여 스스로 강하게 나갈 수도 없고, 또 외교로써 무마할 계책도 없어서 궁여지책으로 이렇게 한 것이다. 성상의 계책도 또한 여기에서 나온 것이다. 신이 변변치 못하다는 것을 모르시고 이번에 오랑캐의 진영에 사자使者로 보냈는데, 조정의 심원한 계책을 신이 알지는 못하지만, 어찌 구구한 걱정이 없겠는가! 세상의 일 중에는 말은 일치하지만 의심과 믿음이 생기는 경우가 있다. 송宋나라의 부민富民들이 담장을 쌓았다는 것이 바로 그러한 예다. 지금 모문룡이 우리나라의 변경에 머물고 있으므로, 신이 자객이나 간인奸人처럼 가는 것이 아닌 이상 흔적을 숨기기는 어렵다. 요동 전 지역에서 명나라를 사모하여 이 말을 누설해 사람들에게 알릴 자가 어찌 한둘이겠는가? 만일 모문룡의 무리가 이 말을 조작하여 명나라 조정에 흘러가게 하여 현혹한다면, 말을 두세 번 하기도 전에 사실로 믿어 버릴 것이다. 엎드려 바라옵

---

14 건주여진, 즉 누르하치가 세운 후금을 비하하여 말한 것이다.
15 1606년 1월 누르하치는 후금을 건국하고, 국호를 대금大金, 연호를 천명天命이라 했고, '열국첨은영명황제 列國沾恩英明皇帝'라는 존호를 받았다.

⊙ 요양 동경성의 남문 '천우문'

1621년 누르하치가 요양을 함락한 후 건설한 동경성. 신요동이라고도 하는데, 정충신이 사절로 갔던 곳이다.

건대, 성명聖明께서 정탐하기 위해 신을 들여보낸다는 뜻으로 명나라 조정에 설명해 알리고, 또 모문룡에게도 말하여 뒷날 천하의 비난을 면할 수 있게 된다면, 사자로 가는 신뿐 아니라 실로 국가의 다행이 될 것이다. 외교 문서를 작성하는 신하들에게 내린 글을 보니 '만일 중국 장수들이 이 일을 알게 되면 군사 기밀을 누설할 염려가 있으니, 완벽히 감추어 보내라'라고 했는데, 만일 모문룡에게 알리지 않고 몰래 보낸다면, 신은 비록 만 번 죽임을 당한다 하더라도 끝내 명을 받들지 않을 것이다."

마침내 조정에서 이러한 뜻을 모문룡에게 알리고, 모문룡 역시 "사람을 보내 정탐하는 것이 무방하겠다"라고 했다. 드디어 정충신은 오랑캐 차인 소롱귀小弄貴[16] 등과 함께 길을 떠나 10여 일 만에 오랑캐의 진영에 도착했다.

마침 누르하치가 탕천관湯泉館[17]에 가고 없어 정충신은 남성南城 밖에서 머물렀다. 이튿날 오랑캐 장수 언가리가 탕천관에서 왔는데, 추장의 총애를 받는 측근이었다. 크게 잔치를 벌여놓고 정충신을 그 자리에 나오도록 청했다. 추장의 사위 올고대, 장수 소두리所豆里, 이영방, 동양성佟養性, 언가리 등이 그 자리에 있었다.

언가리가 먼저 "우리 칸이 탕천관에 계시면서 우리로 하여금 '차관께서 먼 길 오시느라 고생했으니, 위로해 드리라'고 했다" 하고 나서, 어떤 일로 왔느냐고 물었다. 정충신은 조정에서 일러준 것을 차례대로 말했다. 언가리가 말하기를, "각기 국경을 지키며 서로 침입하지 않기 위해서는 어떤

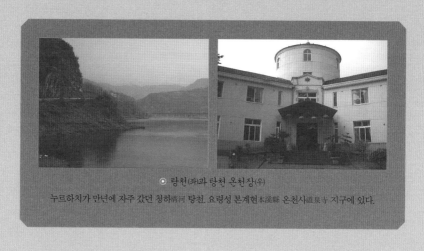

⦿ 탕천(좌)과 탕천 온천장(우)
누르하치가 만년에 자주 갔던 청하淸河 탕천. 요령성 본계현本溪縣 온천사溫泉寺 지구에 있다.

---

16 소농이의 다른 표기. 6진 번호 출신의 여진족을 일컫는다.
17 요동의 청하에 있던 온천. 현재의 요령성 본계현 온천사 지구에 있다. 누르하치가 만년에 신병 치료차 자주 들러 요양한 온천이다.

방도가 좋겠는가?" 하기에, 답하기를 "신의가 있어야 할 것이다"라고 했다. 그가 다시 묻기를 "무엇을 신의라고 하는가?" 하기에, 답하기를, "한번 말이 입에서 떨어지면 대대로 지키고 어기지 않는 것이 바로 신의다"라고 했다.

그러자 언가리가 말하기를, "평화적 교린 관계를 맺기 위해 왕래한 지가 이미 3년이 지났는데 아직껏 완결 짓지 못했다. 차관의 이름을 오래전부터 듣고는 즉시 한마디로 결정되리라고 생각했는데, 지금 와서도 응대하기만 하고 가부를 결정하지 않으니, 이는 심히 우리가 바라는 것이 아니다"라고 했다.

정충신이 묻기를, "이른바 '완결 짓는다'는 것은 무엇을 의미하는가?" 하니, 그는 맹약을 하고자 한다는 뜻으로 답했다. 정충신이 말하기를, "신의라고 하는 것은 마음 가운데에서 나오는 것인데, 맹약이 무슨 필요가 있는가? 그리고 조정의 명을 받고 떠나올 때 맹약을 맺으라는 분부는 받지 않았으니, 내가 감히 멋대로 할 수 있는 일이 아니다"라고 했다.

언가리가 말하기를, "만일 우리와 친교를 맺기로 한다면 앞으로 남조南朝[18]는 어떻게 할 것인가?" 하기에, 정충신이 답하기를, "이미 신하의 예로 명나라를 섬겼으니, 이는 아들이 아버지를 섬기는 것과 같다. 비록 불행히 남쪽으로, 서쪽으로 행행幸行하는 일이 있더라도, 따라가 위로하고 맡은 직책을 지키는 일은 언제까지라도 그만두지 않을 것이다. 임금은 의리로 섬기고 이웃은 신의로 사귀는 것인데, 그 의의는 동일한 것이다"라고 했다. 명나라의 일을 언급하면서 이영방을 돌아보니 얼굴에 부끄러움이 가

---

18 후금에서 명나라를 지칭하는 말.

득하여 어찌할 바를 모르는 듯했다.

4일째 되는 날 누르하치가 탕천에서 돌아왔다. 강홍립과 김경서 두 장수를 관소館所로 보내면서 말하기를, "같은 나라 사람들이 마침 이 땅에 모였는데, 어찌 보고 싶은 생각이 없겠는가. 오늘은 마음껏 대화하기 바란다" 하고는 잔치 음식을 보내어 위로해주었다.

뒷날 누르하치가 사람을 시켜 묻기를, "조선은 대국인데, 멀리 차관을 보내어 문안해 주고 또 예물까지 많이 주니, 감히 감당하지 못하겠다. 우리 쪽에서도 서울로 차인을 보내 조정에 사례하려고 하는데, 차관께서 데리고 가겠는가?"라고 했다. 이에 정충신이 답하기를, "우리나라는 동쪽으로는 일본과 친교하고, 서쪽으로는 이 지역과 접하였는데, 근래 이웃 나라 사신들이 나라 안에 들어오는 것을 전혀 보지 못했다. 이 일은 새로운 규례인데, 어찌 내 마음대로 허락할 수 있겠는가?"라고 했다.

언가리 · 소두리 · 대해 등이 두 장수를 데리고 나와 만났는데, 대해가 추장의 뜻을 전하며 말하기를, "귀국이 차관을 보내어 찾아 주었으므로 우리도 차관을 보내어 사례하려는 것이다. 우리가 예를 잘 행하려고 하는데 왜 한결같이 차관을 거절하는가? 이미 서로 더불어 친교를 맺은 사이이니 차관도 왕래하고 물건도 주고받고 하여 내외의 간격을 없애야 할 것인데, 지금은 마치 문을 닫고 손님을 청하는 것처럼 하니 서로 친교 맺은 의리로 볼 때 신의라고 말할 수 있겠는가? 그리고 우리가 여러 차례 국서를 보냈는데 한 번도 답장이 오지 않았다. 이는 '건주위 마법馬法'이라고 쓰자니 괴이하게 여길까 두렵고, '후금국 칸'이라고 쓰자니 치욕스럽다고 생각해서 진실이 없는 말로 우리를 놀린 것에 불과하다. 어찌 우리를 어린 애처럼 보는가? 우리와 친교를 맺으면 이익이 우리에게 있겠는가, 귀국에 있겠는가?"라고 했다.

정충신이 말하기를, "피차의 이해는 예견할 수 없으나, 우리나라는 임진년 이후 전쟁에 시달렸으므로 또다시 두 나라의 백성을 고통스럽게 하지 않으려 한다. 그리고 각기 정해진 변경을 지켜 대대로 서로 다툼이 없이 지내려고 한다. 국서에 답하지 않은 것은 이런 일을 더 중히 여기는 뜻에서 그러한 것이다. '진실이 없는 말로 놀렸다'고 한 것은 너무 지나친 말이 아닌가? 차관을 왕래하자는 것은 매우 일리 있는 말이다. 다만 근래 우리나라에 없었던 일이기 때문에 감히 내 마음대로 허락할 수 없을 뿐이다. 만약 공평한 마음으로 살핀다면 내 말도 나쁘지 않을 것이다"라고 했다.

언가리가 묻기를, "지금 귀국에는 중국 사람이 없는가?"라고 했다. 정충신이 답하기를, "모毛 유격遊擊이 수군을 이끌고 나와 용천龍川 항구에 정박하고 있다"라고 했다. 언가리가 묻기를, "저들이 병사를 보내 달라고 요구하면 귀국은 어찌 서로 돕지 않겠는가"라고 했다. 이에 정충신이 답하기를, "정말 도우려고 했다면, 전일 진강鎭江¹⁹ 싸움에 어찌 우리나라 사람이 하나도 없었겠는가?"라고 했다. 언가리가 말하기를, "두 장수가 우리에게 잡힌 지 이미 오래되었다. 몽골의 추장 재사이도 같은 해에 잡혀왔는데, 지난달 소와 양을 1만 마리나 내놓고 돌아갔다. 이런 예로 본다면 두 장수의 가격도 높을 것이다. 만약 데리고 가려 한다면 먼저 가격을 치러야

---

19 압록강 하구의 중국 도시 단동丹東. 명나라 때 구련성九連城을 축조하였고, 명말 청초에 진강으로 불렀다가 청나라가 유조변柳條邊을 설치하여 폐허가 되었으나, 1876년에 안동현安東縣을 설치하여 1937년에 안동시가 되었다. 1965년에 단동시로 개칭했다.

할 것이다"라고 했다.

정충신이 말하기를, "이번에 온 것은 본디 두 장수를 데려가기 위한 것이 아니다. 화가 나면 잡아 두었다가, 화가 풀리면 놓아주는 것은 흔히 있는 일이다. 하필이면 나에게 말하는가?"라고 했다.

또 며칠이 지난 뒤 누르하치가 언가리와 대해를 보내 말하기를, "차관이 우리 관사에 머문 지 며칠이 지났는데 우리 차인差人의 왕래를 허락하지 않으니, 감히 우리만 귀국의 두터운 예를 받을 수 없다. 이 때문에 아직까지 만나지 않는 것이다. 만일 돌아가서 조정에 아뢰어 차인의 왕래를 허락받는다면, 곧 다시 와서 이 문제를 매듭짓자. 그러나 만일 허락을 받기가 어렵다면 억지로 청하지는 않겠다. 그리고 차관이 기어이 만포를 경유하여 돌아가려고 하는 이유는 무엇인가?"라고 했다. 정충신이 말하기를, "별다른 뜻은 없다. 나는 만포의 관원으로서 명을 받고 왔으니, 다시 만포로 가서 복명을 해야 한다"라고 했다.

두 장수가 말하기를, "그래서가 아닐 것이다. 모 유격이 용천에 있기 때문에 의주 길을 통과하지 않으려는 속셈일 것이다. 친교를 하든지 말든지 명백히 해야 할 것이다. 어찌 몰래 서둘러 가려고 하는가? 이미 진강로鎭江路에 접대하도록 분부했으니, 내일 그 길로 돌아가라"라고 하여 정충신은 그렇게 하기로 했다.

언가리가 말하기를 "전일 옥강玉江의 일²⁰은 우리가 마음대로 건너간 것이 아니고, 실은 귀국에서 초래한 것이다. 내 비록 말하지 않았으나, 귀국에서 더 자세히 알 것이다. 병사들이 오가면서 감히 풀 한 포기와 나무 한

---

20 1621년(광해군 13) 6월경, 의주의 수구진水口鎭과 옥강 일대에서 여진족이 약탈을 행한 일을 말한다.《광해군일기》광해군 13년 6월 9일 기묘己卯.

그루도 상하게 하지 않았으니, 이 어찌 서로 우호적으로 지내려는 뜻이 아니겠는가"라고 했다.

그러고는 묻기를, "만일 머리를 깎은 자들의 소재를 분명히 안다면 강물이 얼어붙은 뒤에 병사를 건너게 하여 데리고 오려 하는데, 어떻겠는가?"라고 했다. 이른바 머리를 깎은 자들이란 후금에 투항한 가달假驢[21]을 말한 것이다. 정충신이 말하기를, "비록 소재를 안다고 하더라도 의당 문서로 물은 다음, 우리의 회보를 기다렸다가 행동해야 할 것이다. 만일 경솔하게 멋대로 넘어온다면 교린의 뜻이 어디 있겠는가. 병졸들이 강을 건너올 때 우리 변경을 지키던 병사들이 무슨 의도에서 오는 것인지를 모른다면 필시 싸우게 될 것이니, 두 나라의 틈이 이로 말미암아 일어나지 않겠는가?"라고 했다.

언가리가 묻기를, "실제로 이런 일을 만들겠다는 것이 아니라, 우리 생각을 말했을 뿐이다. 그리고 모 유격이 정박한 곳이 용천에서 얼마쯤 떨어진 곳인가? 그쪽 바다도 얼어붙는가?"라고 했다. 정충신이 답하기를, "바다 어귀에서 간다면 이틀쯤 걸리는 거리다. 그리고 바닷물은 본래 얼어붙지 않는다"라고 했다.

그 이튿날 정충신이 떠나려 하는데, 두 오랑캐 장수가 또 숙소로 와서 쪽지를 내보였다. 바로 진강의 후금 유격 주계문朱繼文이 이영방에게 보고한 것이었다. 그 가운데에는 "지난달 19일 밤, 어느 곳의 병사인지는 모르겠으나, 강의 동쪽에서 나와 장관하가둔長寬下家屯에 도착하여 여섯 사람을 끌고 밤에 돌아갔다"라는 내용이 있었다. 대해가 묻기를, "강의 동쪽은

21 1618년 이후 여진족의 후금에 투항하거나 점령된 지역의 한족漢族을 지칭한다. 변발을 하고 호복을 입었으며 후금에 적극 협력했기 때문에 명과 조선에서 그렇게 불렀다.

누구의 지역인가?"라고 했다. 정충신이 되묻기를, "그렇다면 그들이 우리 병사란 말인가? 모 유격의 병사란 말인가?"라고 했다.

그가 말하기를, "강의 동쪽에서 왔다면 귀국이나 모 유격의 병사 외에는 없다"라고 했다. 이에 정충신은 "정말로 강의 동쪽에서 다수의 병사가 왔다면, 허다한 둔屯이 있는데 어찌 여섯 사람만 끌고 갔겠는가? 더구나 하가둔은 강가에서 60여 리나 되니, 왕래하려면 120여 리다. 100여 리나 되는 거리를 어찌 하룻밤 사이에 왕래할 수 있겠는가? 이는 명나라에 가려는 여섯 사람이 몰래 선박을 타고 강을 따라 내려가 섬[22]으로 들어가려고 꾀하여 일어난 일이다. 이곳 진보의 관원이 놓쳤다는 책임을 면하기 위해 이처럼 꾸며 말한 것이 아니겠는가"라고 말했다.

대해가 또 하나의 쪽지를 내놓았는데, 이는 표하수비票下守備 조성공趙成功이란 자가 모 유격에게 보고하기 위해 보낸 편지였다. 그 편지에는 "속히 대병을 보내어 조선에 잠복시켰다가, 조선과 함께 은밀히 모의하고 힘을 합해 싸워 요양을 회복해야 한다"라는 내용이 있었다. 글이 조리 있고 말이 매우 강개했다.

언가리가 말하기를, "모문룡을 변경에 있도록 하고, 또 대병을 청하여 잠복시켰다가 우리를 공격하려고 하면서, 교린하자는 핑계를 대고 와서 우리의 허실을 염탐하려 했겠지만, 이러한 글을 우리 나졸들이 주워올 줄은 생각이나 했겠는가?"라고 했다. 이에 정충신이 말하기를, "이는 우리나라가 모문룡과 서로 통한 편지가 아니다. 그 문자를 보면 요양에 왕래한 흔적이 많은데, 조성공이란 자가 어떤 자인지도 모른다. 생각건대, 이자는

201

---

22 이 섬은 모문룡이 점령하고 있던 가도椵島를 뜻한다.

머리를 깎은 사람으로 아직도 명나라를 생각하는 마음이 있어 계책을 모장에게 올려 후일을 꾀하려고 한 짓이다. 우리와 무슨 관계가 있겠는가? 그리고 명나라의 형편을 말하자면, 대규모 병력을 가지고도 쫓기는 중인데, 어찌 풍파가 심한 큰 바다를 건너 우리나라에 군사를 잠복시켰다가 요성遼城의 회복을 꾀할 수 있겠는가? 이는 어린아이의 의견도 되지 않는데, 어찌 경솔히 의혹하는가?"라고 했다. 두 장수가 모두 의혹을 푸는 기색을 보이면서 답하기를, "차관의 말에 일리가 있다. 편지에 조선 병사라고 분명하게 말하지 않았으니, 어떻게 조선의 행위라고 하겠는가. 조성공의 일은 우리 칸의 생각과 차관의 생각이 같으니, 우습다. 대개 모문룡이 변경에 있기 때문에 일이 생길 때마다 의심하지 않을 수 없는 것이다. 이런 뜻을 알아서 돌아가 조정에 말해 주기 바란다"라고 했다.

정충신은 이날 바로 출발하지 못했는데, 이튿날 누르하치가 통사 박경룡朴景龍을 불러 묻기를, "듣건대 너희 나라에서 궁궐을 많이 짓는다는데, 그러한가?" 하기에, 답하기를, "왜란이 난 뒤로 궁궐을 짓지 못하다가 지난해부터 짓기 시작했다. 지금쯤은 모두 끝났을 것이다"라고 했다고 한다. 또 묻기를, "큰 섬 가운데에도 성을 쌓고 궁궐을 짓는다고 하던데, 그러한가?"라고 했다. 답하기를, "서울에서 3일 걸리는 거리에 강화부가 있는데, 사면이 바다로 둘러싸여 있고 지역도 매우 넓다. 임진년 변란 때에 서울의 선비들이 피난하기 위해 많이 찾았다. 성지城池를 수축한다는 것은 사실이다"라고 했다 한다. 또 묻기를, "이번에 온 차관의 직품職品을 남조에 비교하면 어느 정도의 벼슬인가? 그리고 어떤 사람인가? 나라에서 보낸 차관인가, 아니면 혹 중간에서 온 자인가?"라고 했다. 답하기를, "명나라의 유격과 비등하다. 이 사람은 일찍이 중국에 조공도 갔으며, 일본과 홀온에도 다녀와 문견이 아주 많고 벼슬도 높은 사람인데, 만약 조정에서 차송하지 않았다면 누가 보냈겠는가?"라고 했다 한다.

그 이튿날 언가리와 대해 두 장수가 숙소로 와서 또 문서 하나를 내보였다. 우리나라에서 보낸 진위陳慰[23]의 자문咨文[24]으로 바다에서 얻었다고 했다. 정충신이 곧 앉았던 의자에서 내려와 무릎을 꿇으니, 두 호장도 의자에서 내려왔다. 대해가 손가락으로 일일이 문제되는 곳을 가리키면서 묻기를, "무슨 원수를 졌기에 이처럼 심하게 말했는가?"라고 했다. 정충신이 말하기를, "이는 모두 외교 문서 담당자들이 지은 것이다. 위문하는 문서라고 한다면 문장 표현이 그렇게 될 수밖에 없는 것이다. 문서 가운데에 변방의 일과 본국의 외롭고 위급한 사정을 많이 말했는데, 이는 병사를 일으키기 어렵다는 것을 미리 말한 것에 불과하다. 200년을 신하의 예로 섬긴 나라가 하루아침에 변란을 만나 변방 지역까지 빼앗기고 있는데, 위문하는 거조가 어찌 없을 수 있겠는가? '같은 하늘 밑에 살 수 없는(不共戴天) 원수'라고 한 것은 임금이나 부모의 원수에 대해 일반적으로 사용하는 말이고, 적賊이라고 하는 것은 명나라에서 번번이 이 글자를 썼기 때문에 글을 짓는 사람들이 명나라의 문투文套를 따라서 쓴 것이다. 가령 명나라도 우리나라가 환란을 당한 것을 보았을 때 위문하는 글을 쓴다면 그 문구의 사용 역시 이와 같았을 것이다. 어찌 이렇게 심한 책망을 한단 말인가?"라고 했다.

---

23 조선시대 중국의 황족이 죽거나 불행한 일이 있을 때 조선에서 사신을 보내 위문하는 일. 그 사신을 진위사陳慰使라고 한다.
24 조선시대 국왕이 중국의 예부禮部, 병부兵部 등에 보내는 공문. 이는 원래 중국의 6부六部에서 서로 간에 보내는 공문 형식이었다.

언가리가 말하기를, "우리도 같은 생각이다. 하지만 말이 너무 지나치다. 지나간 일을 다시 더 말할 필요는 없겠다. 만일 앞으로 진심으로 친교를 맺어 준다면 매우 다행이겠다"라고 했다. 정충신이 자문을 가지고 가고 싶다고 하니, 곧 허락했다.

언가리가 또 묻기를, "차관은 언제쯤 다시 올 것인가? 우리 차관의 왕래를 허락해 준다면 두 나라가 서로 좋을 것이다. 칸을 보지 못한 것을 섭섭하게 여기지 마라"라고 했다. 그들은 백금 열 냥과 호피 두 벌을 주었으며, 데리고 간 관원과 역군에게도 은 한 냥씩을 주어 노자에 쓰도록 했다.

정충신이 떠나려 하자, 또 흰말 한 필을 보내면서 말하기를, "차관이 타고 온 말이 여기에 와서 죽었다고 들었는데, 좋지 않은 말이지만 걸어가는 것보다는 나을 것이니 타고 가도록 하라. 전일 소롱귀가 귀국에 갔을 때 타고 갔던 말이 죽었는데, 귀국에서 특별히 준마 한 필을 준 후의를 지금까지 잊지 못하고 있다"라고 했다.

○ 그리하여 마침내 정충신은 진강으로 가는 길을 경유하여 돌아왔다. 이번 행차는 한 달 남짓 걸렸으며, 2000여 리를 여행했다.

오랑캐의 소굴에 깊이 들어가서 그들의 사정을 자세히 살펴보니, 누르하치의 아들은 20여 명인데, 그중에서 군사를 거느린 자는 여섯 명이었다. 큰아들은 일찍 죽었고, 그다음으로 귀영가, 홍태주洪太主,[25] 망가퇴亡可退,[26] 탕고대湯古台,[27] 가문내加文乃, 아지거阿之巨[28]였다. 귀영가는 보잘것없는 용부庸夫였으며, 홍태주는 똑똑하고 용감하기가 보통이 아니나 시기심이 많아 아비의 편애를 믿고 형을 죽이려는 계책을 몰래 품고 있었다. 나머지

---

25 누르하치의 여덟째 아들로 누르하치 사후에 황위를 계승한 청 태종太宗 홍타이지를 말한다. 홍타시紅乡是, 홍대시洪大時로 표기하기도 한다.
26 누르하치의 다섯째 아들 망고르타이(莽古爾泰, Manggültai, 1587~1632)를 말한다. 후금의 4대 패륵 중 3패륵으로 불렸다.
27 누르하치의 제4자(1585~1640), 홍타이지의 형이나 어머니가 서비庶妃여서 지위가 낮았다. 후에 3등 진국장군鎭國將軍에 봉해졌다.
28 누르하치의 제12자(阿济格, 1605~1651)로, 대비 오라나라씨(烏喇那拉氏) 소생. 돌곤(多爾袞)의 동복 형으로

네 아들은 보잘것없었다. 요컨대 누르하치와는 비교가 되지 않는다.

아두阿斗라는 자가 있는데, 누르하치의 사촌동생이다. 그는 용감하고 매우 지혜로워 여러 장수들보다 뛰어났으며, 전후의 싸움에서 승리한 것도 모두 그의 공적이었다고 한다. 누르하치가 일찍이 비밀리에 아두에게 묻기를, "여러 아들 가운데 누가 나를 대신할 수 있겠는가?"라고 하니, 아두가 답하기를, "아들을 가장 잘 아는 사람은 아버지인데, 누가 감히 말할 수 있겠습니까?"라고 했다. 다시 누르하치가 말해 보라고 하자, 아두가 말하기를, "용기와 지혜를 모두 갖추어 모든 사람이 칭송하는 자라야 할 것입니다"라고 했다. 그러자 누르하치가 말하기를, "내 너의 뜻이 어디에 있는지 알겠다" 하니, 이는 바로 홍태주를 가리킨 것이다.

이 말을 들은 귀영가는 아두에게 매우 유감을 가졌는데, 나중에 아두가 은밀히 귀영가에게 말하기를, "홍태주가 망가퇴, 아지거와 함께 당신을 해치려 한다. 때가 임박했으니 잘 방비하라"라고 했다. 이 말을 들은 귀영가가 아버지에게 가서 울며 하소연하니, 누르하치가 이상히 여겨 그 이유를 물었다. 이에 아두가 말한 대로 대답하자, 누르하치는 세 아들을 불러 이를 물었는데, 세 아들은 그런 말을 한 적이 없다고 했다. 그러자 누르하치는 아두를 불러 "이는 둘 사이를 이간하기 위한 짓이다" 하고는 족쇄를 채워 밀실에 가둔 후 가산을 몰수해 버렸으니, 이는 스스로 장성長城을 무너뜨려 버린 것과 같았다.

군대는 8부部[29]가 있는데, 25초哨(중대)가 1부이며, 400인이 1초다. 1초 중에는 별초別抄가 100인, 장갑長甲(긴 갑옷)이 100인, 단갑短甲(짧은 갑옷)이 100

유능한 장군이었으나 과오를 범하여 승진이 늦었다. 후에 화석영친왕和碩英親王에 봉해졌으며, 돌곤 사후에 섭정이 되고자 하다가 사사되었다.

29 팔기八旗(Gusa)를 말한다.

인, 양중갑兩重甲(이중 갑옷)이 100인이다. 별초는 수은갑水銀甲(수은으로 도금한 갑옷)을 입었기 때문에 수많은 군사 중에서도 뚜렷이 드러나 알아보기 쉬웠으며, 행군할 때는 뒤에 있고 진陣에 머물 때는 안에 있는데, 오직 승부를 결판내는 데에만 쓰인다. 양중갑은 성을 공격하고 호壕를 메우는 데에 쓰인다.

1부의 군사 수효는 1만 2000명이니, 8부를 합치면 대략 9만 6000기騎다. 누르하치가 직접 거느리는 2부 중 1부는 아두가 맡았는데 누런 깃발에 그림이 없으며, 1부는 대사大舍가 맡았는데 누런 깃발에 황룡을 그렸다.

귀영가가 거느리는 2부도 그중 1부는 보을지사甫乙之舍가 맡았는데 붉은 깃발에 그림이 없으며, 1부는 탕고대가 맡았는데 붉은 깃발에 청룡을 그렸다. 홍태주가 거느리는 1부는 동구어부洞口魚夫가 맡았는데 흰 깃발에 그림이 없다. 망가퇴가 거느리는 1부는 모한나리毛漢那里가 맡았는데 푸른 깃발에 그림이 없다. 누르하치의 조카 아민태주阿民太主가 거느리는 1부는 그의 동생 자송합者送哈[30]이 맡았는데 푸른 깃발에 흑룡을 그렸다. 누르하치의 손자 두두아고斗斗阿古가 거느리는 1부는 양고유羊古有[31]가 맡았는데 흰 깃발에 황룡을 그렸다.

통사統司와 초대哨隊에도 각기 깃발이 있는데, 크고 작은 구분이 있으며, 군졸에게는 투구 위에 작은 깃발을 꽂아 구분토록 했다. 부대마다 각기 황갑 두 통統, 청갑 두 통, 홍갑 두 통, 백갑 두 통이 있으며, 싸움을 할 때에는 부대마다 압대押隊 1인이 있어 붉은 화살을 갖고 있다가 떠들거나 질서를 어지럽히며 독자적으로 행동하는 자가 있으면 곧 그 화살로 쏜다. 그리고

30 1599~1655. 누르하치의 형제인 수르하치의 제5자 질하랑(濟爾哈朗). 조선에서는 질가왕質可王으로 칭했다. 청 태종 때 형 아민의 뒤를 이어 양람기鑲藍旗 기주旗主가 되고 많은 무공을 세워 화석패륵和碩貝勒에 올랐다가 정친왕鄭親王으로 봉해졌다. 1643년 순치제順治帝 즉위 후 보정왕輔政王이 되었다.
31 언가리, 즉 양고리의 이칭임.

싸움이 끝난 뒤 조사해 등에 붉은 흔적이 있는 자는 지위 고하를 막론하고 베어버린다. 싸움에 이기면 재물을 거둬들여 여러 부대에 두루 나눠 주고, 공적이 많은 자에게는 한몫을 더 준다고 한다.

[**이민환**李民寏 **연보**]

본관 영천永川
자   이장而壯
호   자암紫巖
시호 충간忠簡

1573년(선조 6)   경상도 의성현義城縣에서 출생.
1594년(선조 27)   광주이씨廣州李氏와 혼인.
1600년(선조 33)   별시別試 문과에 급제. 승문원에 분관, 중형 이민성李民宬과 함께 한림翰林에 천거됨.
1601년(선조 34)   검열, 대교, 봉교 역임.
1604년(선조 37)   사서, 정언, 병조 좌랑 역임.
1605년(선조 38)   평안도 암행어사 겸 순무사. 예조 · 병조좌랑 역임.
1608년(선조 41)   부친의 봉양을 위해 영천군수로 나감.
1613년(광해군 5)   충원현감忠原縣監에 임명된 후 북인北人과의 알력으로 파직.
1618년(광해군 10) 심하 출병 때 원수 강홍립의 종사관으로 종군. 부차에서 패전하여 후금의 포로가 됨(17개월).
1620년(광해군 12) 후금에서 풀려나 만포에 도착. 의주에서 대죄(4년).
1633년(인조 11)   대동찰방大同察訪으로 서용됨.
1635년(인조 13)   홍원현감洪原縣監으로 나감.
1638년(인조 16)   군자감 정正을 역임하고, 동래부사東萊府使로 승진됨.
1643년(인조 21)   호조참의에 임명.
1644년(인조 22)   특명으로 형조참판에 임명.
1645년(인조 23)   경주부윤慶州府尹으로 나감.
1649년(인조 27)   2월 24일, 병으로 졸함. ○ 4월에 의성현 남산南山에 장사.
1741년(영조 17)   문집 간행.(서문 이광정李光庭)
1871년(고종 8)   시호 '충간忠簡' 추증됨.